www.einaudi.it

ISBN 978-88-06-20859-2

Eugenio Scalfari

Scuote l'anima mia Eros

Einaudi

Scuote l'anima mia Eros

Posso benissimo concepire un uomo senza mani, senza piedi, e anche senza testa, ma non senza pensiero.

B. PASCAL

Benedette tutte le leggi metriche che vietano risposte automatiche e ci costringono a riflettere liberandoci dalle pastoie dell'Io.

W. H. AUDEN

Ci sono molte citazioni nelle pagine di questo libro. Di alcune do un ragguaglio bibliografico; altre vengono liberamente dalla mia memoria poiché nei tanti anni trascorsi certi testi sono andati smarriti, sicché non ho potuto recuperarne gli editori e i traduttori. Me ne scuso con loro e con i lettori.

La caverna di Psiche

La caverna degli istinti: è cosí che penso di chiamare la regione dell'inconscio dove gli istinti si agitano senza che il nostro io, cioè la nostra coscienza, sia consapevole del come e del perché: una caverna, un luogo oscuro dove affondano le radici della nostra natura.

La coscienza non ignora l'esistenza degli istinti e del resto tutte le lingue, non solo le moderne ma le antiche e le antichissime di tutto il pianeta conoscono e pronunciano quella parola e la mente ne pensa il concetto. Lo pensa, sa quanto gli istinti determinano la volontà, intuisce la loro sotterranea e continua tessitura dalla quale emerge la figura che chiamiamo Psiche.

Anche la Mente è una figura pensata e immaginata. Psiche regna nella caverna oscura dell'inconscio, la mente nel mondo luminoso della razionalità. Ma le radici della mente scendono fino alla caverna degli istinti e questi a loro volta pervadono ogni cellula del nostro organismo corporale, viaggiano sui fasci nervosi, arrivano con la velocità della luce alle mappe neuronali del tessuto cerebrale. La dialettica tra la natura dionisiaca e quella apollinea è stata elaborata dalla cultura dei Greci ed è ancor oggi un modo appropriato per descrivere la duplicità della nostra specie.

Questo è il rapporto tra psiche e mente, dal quale

scoccano i pensieri, quel tanto in piú che ci mette su un gradino diverso da quelli delle altre specie viventi. E questo è il tema del libro che qui comincia.

Non è certo un tema nuovo, anzi è antichissimo, l'hanno trattato le mitologie, le religioni, le filosofie, le scienze terapeutiche e taumaturgiche. Pensatori, sacerdoti, sciamani si sono affaticati e sbizzarriti attorno agli istinti; la musica, la poesia, la letteratura sono state dominate da quel tema; perché dunque un altro libro, l'ennesimo, scritto dal bordo del secolo e del millennio che sono appena cominciati?

Risponderò tra poco a questa domanda, ma prima debbo anticipare una questione che mi sta molto a cuore: le mitologie, le religioni, le culture che hanno affrontato il tema degli istinti hanno tutte avuto come motivazione profonda la ricerca dell'Assoluto. L'idea dell'Assoluto era l'elemento dominante dei loro pensieri e fu con quello spirito che anche il tema degli istinti è stato affrontato.

L'Assoluto pervadeva tutto. La verità era assoluta, l'oggetto era assoluto, il tempo e lo spazio erano assoluti. Il principio dell'assolutezza portava inevitabilmente alla creazione della Divinità, alla quale gli uomini conferirono tutti i loro attributi moltiplicandone la potenza.

Questa architettura mentale sembrava molto resistente e compatta e resiste tuttora nonostante il logorio delle epoche, ma presentava tuttavia un'ampia fessura: quella del soggetto. L'oggetto era assoluto, ma il soggetto era molteplice, quindi necessariamente relativo.

Col passare dei secoli quella fessura diventò una voragine. Al punto che l'assolutezza dell'oggetto si rinchiuse su se stessa dando origine alla figura mentale della «cosa in sé», inconoscibile per definizione.

Allo stesso modo con cui l'oggetto era diventato un'impenetrabile monade, anche il soggetto subí una trasformazione radicale: per gli altri soggetti era infatti un oggetto inconoscibile. Si apriva l'epoca dell'incomunicabilità.

Per sfuggire all'incubo dell'isolamento gran parte degli uomini si aggrapparono ancor piú tenacemente alla fede nel Divino che riscattava le monadi dalla loro incomunicabile individualità: comunicavano con il Divino che le trascendeva e che tutte le aveva create infondendo in ciascuna di esse gli stessi istinti, dotandole cioè d'una stessa natura.

Se la mente fosse stata in grado, cimentandosi con un viaggio nel proprio inconscio, di decifrare gli istinti e la loro potenza, avrebbe potuto penetrare uno dei misteri che implicano la nostra vita e determinano la nostra umana condizione.

Ma che cosa sarebbe accaduto se l'idea dell'Assoluto fosse stata messa in crisi dal relativismo della soggettività e l'incomunicabilità fosse stata superata non piú dal ricorso ad un Divino sempre piú traballante, ma da un'inedita intimità tra la mente e la psiche?

Quell'intimità tra mente e psiche è stata appunto una delle conquiste della modernità e il suo lascito piú prezioso alle epoche che verranno. Ma come tutte le conquiste, tutti i viaggi, tutte le avventure, anche questa conteneva un rischio: il viaggiatore vede modificarsi la propria natura durante il viaggio e a causa del viaggio. Quando torna «a riveder le stelle» non è lo stesso che partí alla scoperta degli Inferi, l'oscura caverna nella quale è riuscito a penetrare lo ha iniziato ad altri misteri, lo ha reso familiare con «i vizi e le virtú», lo ha allenato ad addomesticare i mostri, a raccontare le metamorfosi, a sfidare le trasgressioni.

Perciò il lascito della modernità è ancora incompiuto, ha aperto una strada che porta ad una terra ancora incognita e che deve essere ancora percorsa.

Questo libro è una tappa del viaggio, se le intenzioni dell'autore avranno raggiunto qualche risultato.

Qualcuno dei miei lettori mi porrà forse a questo punto un'altra pertinente domanda: l'autore ha compiuto 87 anni proprio nel momento in cui il libro è stato messo in vendita negli scaffali delle librerie. Perché ha aspettato tanto tempo prima di intraprendere un viaggio cosí lungo e tanto arrischiato?

Ebbene, questo viaggio non è cominciato ora. Un anno fa ho scritto un libro intitolato *Per l'alto mare aperto*; due anni prima ne avevo scritto un altro intitolato *L'uomo che non credeva in Dio* e quattordici anni prima un altro ancora con il titolo *Incontro con Io*.

Ma il vero inizio del mio viaggio risale a molto tempo prima. Risale alla splendida e tormentata stagione dell'adolescenza, quando la mente si dischiude, si interroga, vagheggia il futuro sulle ali della speranza, conosce l'amore e impara ad amarlo come gioco, come passione, come esperienza e come responsabilità.

Ho avuto molta fortuna nelle strade della mia vita, il caso mi è stato propizio, gli incontri che hanno costellato il percorso mi hanno dato piú di quanto sperassi.

Tra questi ne feci uno sui banchi del liceo: conobbi

un giovane che si chiamava Italo Calvino, io avevo quattordici anni, lui quindici. Il liceo si chiamava Cassini, la città era Sanremo, l'anno il 1938.

Il mio viaggio e anche il suo cominciarono allora. Con Calvino ho convissuto per i cinque anni della stagione in cui si forma la mente. La mente riflessiva di ciascun individuo della nostra specie, purché lo sappia e lo voglia. La stagione in cui la mente incontra Atena, come piú volte ci dicemmo in quegli anni, lui con l'autoironia che gli era propria ed io con un pizzico di albagia. Calvino era ligure, sia pure di adozione; io avevo il sangue delle terre del Sud, dove ci si sente simili agli dèi come ci si sentiva il principe di Salina; l'albagia ci sta come retaggio, lo si voglia o no ogni tanto fa capolino.

Comunque ci esprimessimo al riguardo, Atena, la dea dell'intelligenza, la incontrammo insieme nei libri che leggevamo, nei pensieri e nelle immagini che popolavano la nostra fantasia, nelle lettere che per cinque anni ci siamo scambiate quando eravamo lontani l'uno dall'altro.

Un pensiero arriva, un altro vola via, forse tornerà ma non sarà mai lo stesso, forse non tornerà mai piú ma te ne resterà il ricordo. Un ricordo variabile, un ricordo danzante entro un periodo d'oscillazione che non spetta a te di determinare perché non è il tuo io a deciderlo ma il sé del tuo inconscio a fornirtene le onde di variabilità.

Eravamo molto precoci e molto curiosi noi due, ed anche molto bambini nelle timidezze e nei comportamenti della vita pratica. Lui in particolare. La sua timidezza era diventata proverbiale tra noi compagni di classe del nostro liceo sanremese. Ma quando eravamo noi due, allora si sbrigliava in tutta libertà, diventava arguto, pungente, brillante; usciva dal suo guscio e non c'era chi potesse stargli a pari.

Col tempo la cerchia degli amici si restrinse di numero ma il rapporto diventò piú intimo. Non eravamo piú solo noi due a scambiarci pensieri, battute, libri, giudizi e occhiate e corteggiamenti alle ragazze che incrociavamo sul lungomare. Eravamo una dozzina, forse piú, la banda, come ci chiamavamo. Cosí anche la sua timidezza si stemperò.

Il nostro sodalizio si interruppe nel settembre del '43, quando l'Italia, sconvolta dalla guerra, si spezzò in due tronconi. Riprese nel '45. Poi le strade si separarono ma il viaggio ciascuno di noi lo proseguí per proprio conto ascoltando ognuno il passo dell'altro.

Gli anni della vita passano presto, specie quando sono fitti di iniziative e di esiti positivi come fu per noi; di gioie e di dolori come avviene per tutti.

Infine tornammo insieme, lui pubblicò articoli mirabili su «Repubblica» mentre scriveva *Palomar* e le *Lezioni americane*. Ed era intento a completare l'ultima di quelle *Lezioni*, la sesta, nella sua casa a Roccamare, nella pineta sulla costa grossetana, quando la sua mente e la sua persona furono rapite anzitempo.

Dedico a lui queste pagine che da quelle sue *Lezioni* prendono le mosse e l'ispirazione.

Nella Seconda Lezione l'autore parla di sé con suprema eleganza. Scrive: «Secondo l'opinione piú diffusa, il temperamento influenzato da Mercurio, portato agli scambi e ai commerci e alla destrezza, si contrappone al temperamento influenzato da Saturno, melanconico, contemplativo, solitario. Dall'antichità si ritiene che il temperamento saturnino sia proprio degli artisti, dei poeti, dei cogitatori e mi pare che questa caratterizzazione risponda al vero. Certo la letteratura non sarebbe mai esistita se una parte degli esseri umani non fosse stata incline a una forte introversione, a una scontentezza per il mondo com'è, a un dimenticarsi delle ore e dei giorni fissando lo sguardo sull'immobilità delle parole mute. Certo il mio carattere corrisponde alle caratteristiche tradizionali della categoria a cui appartengo: sono sempre stato anch'io un saturnino, qualsiasi maschera diversa abbia cercato d'indossare. Il mio culto di Mercurio corrisponde forse solo a un'aspirazione, a un voler essere: sono un saturnino che sogna d'essere mercuriale, e tutto ciò che scrivo risente di queste due spinte».

Italo era proprio cosí come si descrive in queste righe: un saturnino che sognava d'essere mercuriale. I suoi eroi, i suoi punti di riferimento, hanno le sue stesse caratteristiche: da Guido Cavalcanti a Mercuzio, da Ovidio al principe di Danimarca, da Emily Dickinson a Montale e soprattutto a Cyrano de Bergerac.

Quando lessi queste righe mi venne naturale di riflettere su me stesso e di misurare la distanza che separava le due linee parallele che le nostre vite hanno cavalcato.

Io sono stato, a differenza di lui, un mercuriale che sognava d'essere un saturnino. Sono stato un mediatore di scambi, di commerci, di conflitti ed anche un accompagnatore spesso di interessi, talvolta anche di sentimenti e di anime.

Ma di tanto in tanto, quasi con la periodicità mestruale delle donne e del femminile che alberga anche nei corpi dei maschi, sentivo la necessità di abbandonarmi alla melanconia e alla solitudine. Per riprendere lena. Per rinfrescarmi lo spirito. Per dargli peso e sostanza.

Col passare degli anni questo bisogno di solitudine è diventato piú frequente e si è precisato con maggiore nettezza: è diventato bisogno di poesia. Non ho mai composto versi e non credo che mai ne scriverò, ma la poesia come tempo sospeso, come tempo perduto e ritrovato, come rapimento melanconico è diventata per me il solo modo di accarezzare me stesso. Di consolarmi di esistere.

L'*heure bleue* della giornata e della fantasia è sempre di piú quella preziosa, quella dove si compie il miracolo di accogliere le cose dentro di te invece di invaderle e possederle.

In questo modo posso dire che il mio amico ed io siamo stati simmetrici nella nostra diversità. Lui era impastato d'ombra luminosa, io quella specie rara di ombra l'ho cercata a lungo senza mai possederla se non sul bordo della vecchiaia, quando il sole ti sta dietro e le ombre si allungano davanti ai tuoi piedi.

Quando ascolto un brano di Chopin subito arriva la melanconia.

Capita anche ascoltando altre musiche, oppure leggendo versi di poeti, guardando un tramonto o gli occhi d'una donna, o aspirando un profumo che porta con sé un ricordo lontano. Ma con Chopin non è soltanto una sensazione fugace, l'emozione d'un attimo; ma un sentimento, uno stato dell'anima che non ti lascia fino a quando quelle note risuonano.

Per capire il rapporto che lega quella musica alla melanconia bisogna domandarsi in che cosa consiste la sua essenza, la sua forma, lo strumento da cui promana e che la rende percepibile. Forse bisogna anche chiedersi che cosa sia la melanconia.

Italo Calvino, nella sua Prima Lezione, scrive che la melanconia è la tristezza quando diventa leggera. Dunque una tristezza che non è cupa ma mercuriale e certo è cosí, ma la domanda resta ancora inevasa, si sposta da una parola all'altra: che cosa è la tristezza?

Cercherò di rispondere, ma prima torno a Chopin e alla sua musica. Ci aiuterà anche a capire che cosa sia la tristezza.

Direi che gli Studi, i Valzer, i Notturni, i Concerti (ne ha scritti pochi perché prediligeva componimenti brevi), le Polacche, le tre Sonate, alternano frasi veloci che spesso percorrono tutta la tastiera del pianoforte, con pause improvvise che preludono a gruppi melodici scanditi su tre o quattro note con pochissimi accordi di accompagnamento.

Ho detto note, ma è piú corretto dire mezze note, anzi semitoni. Velocità a volte scatenata e improvvise lentezze modulate a basso volume con prevalenza di semitoni.

Lo strumento esclusivo – salvo che nei concerti dove ha comunque il ruolo del solista – è il pianoforte, dove la lunghezza delle corde è fissa ma il loro spessore è variabile.

Quello del pianoforte è un suono impastato, una sonorità piena che esprime a suo modo il fraseggio d'un'intera orchestra. Questo tipo di sonorità si avvicina molto alla voce umana. Tra i fiati un effetto analogo è prodotto dal sax, tra gli archi dalla viola e dal violoncello.

Chopin compone musiche che affida al pianoforte; i componimenti alternano arpeggi briosi con indugi, ribattute, trilli insistenti, per poi arrestare il flusso nelle pause e riprendere con tutt'altra movenza melodica, estenuata, quasi sospesa in attesa di ispirazione, appoggiata in prevalenza sui semitoni del bemolle.

Effetti analoghi si ritrovano in alcuni «adagi» di sinfonie romantiche: la *Quinta*, la *Settima* e la *Nona* beethoveniane; l'*Ottava* e la *Grande* di Schubert e i suoi *Impromptus*, tutta la cameristica di Brahms e la *Quarta* e la *Quinta* di Mahler. Ma anche l'*Arte della fuga* di Bach e le sue Partite in chiave minore.

Quanto a Mozart, la sua è, sotto varie apparenze e alternanze tra il grave e il giocoso, una superba, direi irraggiungibile musica funebre, una sorta di marcia ininterrotta verso cimiteri desolati, battuti dal vento e dalla polvere.

Ma quello tra tutti che piú si identifica con la melanconia e ne suscita il sentimento è Chopin. Insieme a lui e piú di lui, al di fuori della musica, direi la pittura ritrattistica del Quattrocento-Cinquecento italiano, la poesia di Petrarca e di Leopardi, il grande deposito della melanconia shakespeariana, Rilke, Proust.

Bisogna guardare a fondo in questi alfabeti poetici per immedesimarsi nello stato melanconico, nella tonalità della tristezza che abita nell'anima di ogni uomo e di ogni donna viventi.

Se mi trovo a voler risolvere un problema esistenziale del quale non so darmi ragione, osservo anzitutto il comportamento degli esseri viventi diversi da noi per vedere come si svolge la vita nelle forme sprovviste di consapevolezza di se stesse.

In nessuna di queste forme si manifesta qualcosa che possa somigliare alla tristezza. Un cavallo o un cane o una pianta che si sfoglia nei rigori dell'inverno, possono dare l'immagine della stanchezza e infatti recuperano le forze riposando, dormendo, entrando in letargo.

Il cavallo, il cane, l'uccello, perfino i «primati» danno segni di qualcosa che somiglia alla tristezza quando sono imprigionati in spazi limitati; ma quel disagio scompare non appena le porte della prigione vengano aperte.

Nell'uomo esiste invece, accanto a moltissimi altri, il sentimento della tristezza e quello piú leggero della melanconia. Viene naturale pensare che abbia un rapporto con la morte, con la consapevolezza del nostro limite temporale che gli altri esseri viventi non sono in grado di percepire.

La morte è un pensiero scandaloso che eccita la nostra protesta dal momento stesso in cui siamo in grado di esserne consapevoli fino a quando la morte ci rapisce e in quella frazione di secondo in cui il cuore ancora continua a battere in un corpo ormai incapace di pensare ci allevia dal peso della coscienza.

Io non credo però che sia il pensiero della morte a creare tristezza dentro di noi. Può creare paura, angoscia, bisogno di fuggire in qualche modo da quella minaccia, ma non tristezza. Chi riesce ad accettare il pensiero della morte come inviolabile legge di natura, non per questo mette in fuga la tristezza.

Leopardi canta la tristezza del passero solitario pensando alla propria solitudine, non alla morte. E cosí lo sguardo melanconico delle madonne del Botticelli o dei giovani del Tiziano e di Lorenzo Lotto. Non c'è paura in quegli occhi. C'è rimpianto. La tristezza è dunque un rimpianto? Di che cosa?

Non confondete la melanconia con la nostalgia: sono due sentimenti confinanti ma diversi.

Si sente nostalgia per una persona incontrata e poi smarrita, per un luogo, per un oggetto, per un animale, per una stagione della vita ormai lontana e consegnata alla memoria. Si ha nostalgia per le *madeleines* di *tante* Léonie, per le serate nel giardino di Combray, per le *jeunes filles* di Balbec. O per il rosmarino e le viole di Ofelia. Per gli occhi di Silvia, ridenti e fuggitivi.

L'asse lungo il quale si snoda la nostalgia è la memoria, quello della melanconia è invece la fantasia delle vite che avremmo potuto vivere e non abbiamo vissuto, i trivi e i quadrivi della nostra esistenza dove il fluire del tempo ci ha imposto di scegliere una strada abbandonando le altre e il rimpianto di non averle percorse.

Ogni scelta comporta un abbandono, una rinuncia, una solitudine compensata da nuovi incontri che mai cancellano tuttavia la privazione subita o voluta.

I semitoni in bemolle della musica romantica colgono

l'*hesitation* d'una scelta che sta per essere effettuata e che, quando sarà stata decisa, scatenerà sulla tastiera la vitalità della nuova impresa per poi ritrovarsi di nuovo di fronte al languore della melanconia. La stessa soffusa dagli occhi delle madonne dei Bellini, del Botticelli, del Pinturicchio. Hanno accettato di accogliere nel proprio ventre il seme della vita procreando il figlio di Dio in stato verginale; hanno scelto di rinunciare a molte altre vite votandosi ad una missione che implica il sacro e il tremendo. Una vita che si concluderà in una trasfigurazione, cioè nella rinuncia all'umano. Questa è la melanconia di quei volti e degli artisti che li ritraggono.

Quello che ne è pervaso fino nel fondo dell'anima e la porta impressa nelle linee del volto e della figura è Raffaello. La soavità delle sue madonne si alterna al loro smarrimento, ad una maternità solitaria ancorché affollata di santi e di sacre famiglie. Non c'è stata e non ci sarà famiglia per la madre carnale e verginale del figlio di Dio, ma soltanto un cuore trafitto da sette spade.

Il potere è triste

Nelle civiltà antiche l'individuo ebbe un ruolo assai piú ridotto di quello di cui oggi gode. Il concetto stesso di libertà era molto diverso perché si fondava sulla *polis* e non sui cittadini che la componevano. La *polis* era libera ed esprimeva una propria concezione dell'etica e della politica, un proprio sistema di governo, proprie costumanze ed una propria religione amministrata da una casta di sacerdoti. All'interno di queste strutture, variabili da città a città, i cittadini si esprimevano, scegliendo i loro capi e mandando avanti la macchina sociale entro la quale si svolgeva la loro vita.

Gli schiavi costituivano una parte importante di quell'ingranaggio e di quell'economia, ma non avevano alcuna rappresentanza, erano considerati oggetti, cose prive di autonomia e di volontà, animali domestici agli ordini del padrone.

Cosí fu anche nella Roma repubblicana, con una variante di notevole rilievo: l'organizzazione politica comprendeva due classi distinte: le famiglie senatorie che detenevano la sovranità e la plebe rappresentata da propri magistrati dotati di poteri di veto e di proposta. Senatus Populus-Que Romanus, S.P.Q.R.

Questo schema fu ribaltato con l'avvento dell'Impero, come tre secoli prima Alessandro aveva ridotto a gusci vuoti le *poleis* greche.

A metà del secondo millennio cristiano ha inizio una rivoluzione epocale che capovolge la struttura sociale mettendo l'individuo al centro della storia. Non era mai accaduto prima. Il Cristianesimo, sí, aveva predicato la dignità delle persone, tutte eguali dinanzi al giudizio del Creatore, compresi i poveri, i deboli e perfino gli schiavi. Anzi proprio ai deboli aveva assegnato la priorità nel regno dei cieli, una sorta di compenso rispetto all'inferno che avevano vissuto nella città terrena.

L'eguaglianza nella dignità della persona riguardava l'anima che il Creatore aveva infuso nel corpo mortale, riguardava la salvezza e la vita eterna riservata all'oltremondo, ma non la struttura sociale terrena, dove infatti la schiavitú continuò ad esser praticata senza particolari sanzioni da parte della Chiesa e le differenze di classe rimasero invariate.

La rivoluzione avviene quando la cultura laica pone l'individuo al centro della storia e l'individualismo diventa il canone della modernità. Un canone contrastato e non condiviso da tutti, ma comunque il canone egemone di tutta l'epoca, al di qua e al di là dell'Atlantico, con i suoi corollari riguardanti la proprietà privata, la libertà di commercio, il mercato, il profitto. Insomma il capitalismo e le sue dinamiche.

Sarebbe tuttavia un grave errore considerare la centralità dell'individuo come un criterio valido soltanto nell'economia e nella politica. La sua valenza culturale è stata infinitamente piú importante e si è manifestata soprattutto con un rapporto del tutto nuovo tra l'individuo e il sentimento religioso.

Nelle civiltà antiche la religione era strettamente legata al territorio, la divinità riassumeva in sé la storia e i miti locali, tutelava le sorti di quel popolo, di quella tribú, di quella nazione. Perfino nei secoli dell'età di mezzo in Europa i culti, le liturgie e la venerazione dei santi conservarono uno stigma territoriale molto profondo.

Quando la cultura moderna pose l'individuo al centro della storia, quest'architettura durata millenni entrò in profondissima crisi e nacque una dialettica sempre piú serrata tra l'umano e il divino, che coinvolse la religione, la filosofia, i canoni artistici e il modo stesso di concepire la vita e la convivenza. Insomma la storia nella sua totalità.

Il nucleo della modernità si identifica con questo sconvolgimento epocale e costituisce il lascito che i quattro secoli che ci precedono trasmettono alle generazioni che ora intraprendono una loro nuova avventura.

Esiste uno stretto rapporto tra l'individualità e la volontà di potenza e un rapporto altrettanto stretto tra l'individualità e la tristezza. Potere e tristezza sono infatti i due elementi dominanti dell'epoca che stiamo vivendo; il primo è un istinto, una sopravvivenza espansiva e aggressiva; il secondo, la stanchezza per lo sforzo appena compiuto, il senso di vuoto che segue il piacere della conquista, un desiderio improvviso di dimenticanza.

Volontà di potenza e tristezza sono sintomi di un disagio che a me sembra di poter spiegare con la sofferenza dell'individuo per il suo allontanamento dalla totalità. Quanto piú l'ente è circoscritto e consapevole di sé e della sua sovrana autonomia tanto piú aumenta la sua solitudine e la sua lontananza dall'essere. Qui scattano contemporaneamente la volontà di potenza mirata ad ampliare i confini dell'io e la tristezza della solitudine che ne è l'inevitabile derivato.

L'io è triste perché è solo. Cerca l'amore per recuperare l'unità con l'altro, ma teme la ghigliottina del tempo.

Vedo che i giovani d'oggi si industriano con ogni mezzo a dimenticare il tempo vivendo un eterno presente senza passato e senza futuro. Ma non è facile dimenticare il tempo. Noi ne siamo intrisi, la nostra identità è nutrita dal sentimento del tempo, la nostra differenza da tutte le altre specie viventi consiste in quel sentimento che soltanto a noi è riservato.

Dentro il tempo si può vivere talvolta con tracotanza, altre volte con umiltà o con paura. A me basta aver capito che sto dentro un fiume che s'ingolfa dentro di me. Sono trasportato dalla sua forza che mi attraversa e attraversandomi mi sospinge, mi solleva, mi atterra, mi ricaccia indietro, mi scaglia in avanti, misera e debole canna divelta dentro la cui cavità nasce il turbine cui sono affidato, dal quale sono stato preso e che solo nel mio vivere si manifesta.

A questa ricchezza non bisognerà mai rinunciare perché suscita sgomento ma è anche la sola fonte di gioia e di fervore che dia senso alla vita.

La grazia e l'allegria

Il sentimento dell'allegria viene spesso considerato come una pausa della tristezza; allo stesso modo l'ombra serve a definire la luce e il male a definire il bene. In questi esempi il bene e la luce rappresentano l'elemento positivo, il male e l'ombra quello negativo. Ma è cosí anche per l'allegria in confronto alla tristezza?

Direi che la tristezza è un sentimento poetico mentre l'allegria non lo è, o lo è assai di meno. Pensate a tutta l'opera di Flaubert, al romanzo stendhaliano, al Leopardi dei *Canti*, a Baudelaire, alla poesia di Rilke, a Rimbaud, a Henry James. Pensate a Proust. Vedete bene che la melanconia rappresenta la vena dominante di tutta questa letteratura che trae il suo alimento e la sua ispirazione dalla passione amorosa e dal rimpianto del tempo passato. Tutta la Romantik, quella vera, quella poetica, è intrisa di melanconia.

L'allegria è dunque una marginalità cui aspira il volgo, la gente da poco, quella che si contenta della sua piccola vita senza ideali, senza aspirazioni che non siano il mangiar bene, una vacanza, un amorazzo, una promozione, una famiglia da tirar su? Il sentimento dei poveri per uscire dalla loro vera tristezza che è la povertà e la mediocrità che li opprimono?

Può darsi che l'allegria sia questo, ma non solo questo.

Se debbo immaginare una scena piena di gioia e d'allegria mi vengono in mente i cuccioli quando giocano tra loro.

Sono all'inizio della vita, nella stagione fatata dell'innocenza, e giocano; senza tirar fuori le unghie che già sono spuntate, senza far mordere i denti, anche i cuccioli delle bestie selvatiche e feroci. Si abbrancano, lottano, s'inseguono, si rovesciano a terra, ma lo fanno con amicizia e con allegria. Cosí abbiamo fatto anche noi, cuccioli di uomo, nell'età in cui abbiamo vissuto la stagione della nostra innocenza.

Quell'età non scompare mai del tutto; ne rimane un sedimento al fondo d'ogni persona ed è quello che alimenta il sentimento dell'amicizia che Montaigne riteneva il piú solido e duraturo tra tutti. L'allegria trova nell'amicizia il suo lievito, senza invidia né gelosia.

L'amore – scrisse nei suoi *Essais* – è una passione drammatica che ti può sprofondare nello sconforto o può suscitare la piú intensa gioia; l'amore può anche diventare un'ossessiva malattia che cancella ogni altro sentimento che non sia il rapporto tra l'io e il tu.

Solo l'amicizia contempla il «noi», l'allegria collettiva dello stare insieme. Se poi si riesce – non è facile ma neppure impossibile – a mettere insieme l'io e il tu dell'amore con il noi dell'amicizia, allora si realizza il miracolo della vita piena.

Queste cose pensavo ragionando sull'allegria, ma poi mi sono venuti in mente i vecchi, la loro solitudine e la loro tristezza.

Non parlo di me che non sono né triste né solitario ancorché l'età incomba e renda impacciata l'agilità delle membra. *Anakreon geron ei*:

«Della dolce vita ormai
breve tempo mi resta.
[...]
Tremendo è l'abisso di Acheronte
e inesorabile la sua discesa:
perché chi vi precipita
è legge che piú non risalga».

Non parlo di me ma dei vecchi tristi e soli. Non hanno altro modo di comunicare che il racconto. I vecchi raccontano. Raccontano le favole che ascoltarono da bambini, raccontano la stagione della loro infanzia, i loro giochi di cuccioli, i ricordi d'un passato lontano, animandolo con qualche seme di magico e di meraviglioso.

Questa è sempre stata la funzione preziosa dei vecchi, ma ai giorni nostri sembra che sia cessata del tutto, sembra che il trasferimento di memoria, di esperienze, di favole che a volte simulano la realtà meglio della vita stessa, sia diventato impossibile. Per recuperarlo bisognerebbe superare quella barriera di indifferenza con la quale i giovani difendono la loro autonomia.

Tutte le generazioni hanno conosciuto la contestazione che le opponeva ai loro padri, le rotture che si verificarono, i mutamenti che ne seguirono. Mai però la separazione tra i giovani e i vecchi è stata cosí profonda come in questo fine d'epoca. Le figure paternali si sono rinsecchite e svuotate come una canna che abbia perso tutte le linfe che la riempivano facendola vivere e vibrare.

Quasi all'improvviso è emersa una sorta di egoismo dei padri e la risposta è stata l'egoismo dei figli. Cosí l'indifferenza e una taciturna autonomia hanno determinato una grande separazione; l'amicizia e la complicità si sono ristrette ai coetanei, ragazzi con ragazzi, adulti con adulti. E i vecchi non hanno avuto piú nessuno cui raccontare il loro passato ed hanno finito per dimenticarselo.

Cosí anche l'allegria è stata contingentata e parcellizzata, rendendo piú acuto il rimpianto dell'innocenza e della festa comune.

Sentimento del tempo

Il mondo dei sentimenti sarebbe però incompleto se non ci fosse la grazia ad arricchirlo.

In realtà non è esatto definire la grazia come un sentimento: è un dono, deriva da una sconosciuta combinazione di geni, ormoni, ereditarietà, centri energetici e campi magnetici. Insomma elementi indefinibili che la scienza non ha identificato e neppure scritto nell'agenda delle sue ricerche. E tuttavia la grazia è percepibile e percepita; il sentimento della grazia è dell'osservatore che ne avverte la presenza e non in chi la possiede e ne indossa le caratteristiche.

I greci erano talmente ricchi di quel sentimento che le Grazie entrarono fin dai tempi piú remoti a far parte della loro mitologia manifestandosi nel modo piú appropriato alla loro divina essenza: la danza.

La danza e la musica che l'accompagna furono la prima espressione artistica in tutte le civiltà che sono all'origine della storia e non soltanto della storia occidentale.

La danza fu anche un modo di pregare, di propiziare gli dei, di festeggiare la vita. La lira era lo strumento di Apollo, contestatogli dal fratello Hermes al quale alla fine Apollo concesse di usarlo mantenendone tuttavia la titolarità.

La musica e la danza furono anche i doni concessi ad Orfeo affinché con i suoni e il canto facesse vivere la natura nella sua parte divina, risvegliandone le forze nascoste e liberandone le energie imprigionate.

I primi accordi della lira e del flauto incitarono i giovani corpi a danzare, a pregare danzando, ad amarsi e possedersi danzando, a godere e a soffrire di quel godimento danzando.

La storia della pittura comincia raffigurando battaglie e danze. La poesia fa tutt'uno con la danza e l'armonia musicale espressa con parole anziché con note. Si potrebbe scrivere una grandiosa storia dell'arte combinando insieme la danza, la musica e la poesia. La loro evoluzione dà la misura di civiltà che ogni epoca contiene e i modi con i quali si esprime.

Sul bordo del ventunesimo secolo e del terzo millennio il linguaggio musicale e poetico sembra alquanto decaduto, affidato come è piú al volume dei suoni che alla loro armonia, piú alla percussione che alla metrica del ritmo.

Il rock non è una danza allegra e neppure eroticamente affascinante, ma ipnotica; stordisce e scatena pulsioni, allenta le inibizioni soffocando i sentimenti.

Forse Dioniso suonava una sorta di rock intorno al santuario di Delfi che condivideva con Apollo e nelle pianure dell'Attica, portato in processione dalle baccanti, dalle menadi e dai coribanti che urlavano «Evoè evoè»: le stesse turbe che poi lo sbranarono per avere dentro di loro una scheggia di divino e una goccia di sangue del dio del vino e dell'orgia.

Certo non era quella la musica di Apollo né di Orfeo. La loro musica commuoveva, i fiumi e i torrenti si animavano, gli alberi si ornavano di fiori, le api depositavano il denso miele negli alveari, le spighe si indoravano.

Questi miracoli che la musica, anzi la poesia della musica può produrre non provengono mai da un racconto della natura affidato al pentagramma delle note. Provengono dalla forma musicale, dalla chiave di scrittura, dal ritmo e dalle corde che quei suoni riescono a risvegliare nell'anima di chi li ascolta trasformando le pulsioni in moti sentimentali di gioia, di melanconia, di potenza, di nostalgia.

Anche quella che viene chiamata «musica leggera» ha un suo ruolo nell'imprimere un calco ai moti del cuore. Non penso alle canzoni e alle canzonette, che pure in molti paesi e nel nostro godono d'una ricca tradizione popolare. Penso invece a quella musica strumentalmente assai complessa, capace di mescolare gli spirituals degli schiavi trasportati dall'Africa occidentale nelle Americhe tra il Seicento e l'Ottocento con i ritmi di New Orleans, del blues e dello swing. Soprattutto dello swing che uní il melodico al ritmico «in levare» e creò i balli piú lascivamente sentimentali tra i tanti che la storia della danza ha conosciuto.

Questa musica dei sentimenti e dei ritmi soffre ora di una decadenza evidente; quella delle pulsioni e del rumore stordisce e strania. Sono due vie tra le quali il secolo che ci sta dinanzi dovrà scegliere creando nuovi modi e nuovi linguaggi che ancora non conosciamo.

Dentro il tempo si può vivere anche ascoltandolo. Cosí fece Proust. La sua vita fu dedicata interamente a quell'ascolto e la sua opera letteraria non ne fu altro che la trascrizione.

Immaginate d'esser chiusi dentro una cassa che galleggia sull'acqua e immaginate che l'unico oggetto presente su quell'acqua sia la cassa con voi chiuso dentro di essa. Non sentirete alcun rumore, alcun movimento; vi sembrerà che attorno a voi tutto sia immobile. Immobile anche il tempo perché non animato da nulla, neppure dai vostri pensieri.

Il tempo è una categoria gremita di eventi fisici e mentali. Ma se non ci sono né fatti né pensieri, se la vostra vita è vuota, anche il tempo sarà vuoto e quindi immobile.

Ora però immaginate che quell'immobile e deserta acqua stagnante si popoli improvvisamente d'una moltitudine di altri oggetti; immaginate che ciascuno abbia una propria vita, che quelle vite siano in rapporto tra loro e con voi ed ecco che improvvisamente l'acqua stagnante e immobile comincerà a muoversi e voi tutti con essa. Il moto acquisterà vigore e velocità sempre maggiori e voi lo sentirete rombare e diventare un'immensa corrente, un'energia inarrestabile che i vostri pensieri e le vostre azioni, le vostre scelte e le vostre decisioni contribuiranno ad affrettare sempre di piú, come una frusta che batta sulla groppa d'un selvaggio e imprevedibile Pegaso che fende il cielo con voi aggrappati alla sua criniera.

Proust popolò il tempo con la sua fantasia, creò una

moltitudine di personaggi, ciascuno dei quali era una parte di sé che navigava sul fiume del tempo. Ascoltò il rombo del futuro che arrivava con un'assordante velocità, transitava per un attimo nel presente per sprofondare in un passato da cui non sarebbe mai piú ritornato se non rievocato dalla memoria.

In quell'istante avveniva un fenomeno inaudito: il futuro continuava a rovesciarvisi addosso come una catastrofe ma nell'attimo di presente che era obbligato ad attraversare si incrociava con un opposto flusso di tempo che risaliva dalle profondità del passato trasportato in alto dalla memoria per poi risprofondare di nuovo.

L'autore della *Recherche* passò l'intera sua vita in quello stato di fascinazione creato dall'ascolto del tempo. Non aveva nessuna importanza che le vicende dei suoi personaggi fossero futili, i loro pensieri svagati, i loro vizi sordidi, la loro eleganza ostentata, la loro bellezza fuggitiva. Ciò che importava era la presenza di quell'implacabile testimone, del suo occhio che non distoglieva lo sguardo e del suo ascolto che coglieva il minimo moto sentimentale, la minima debolezza, il piú nascosto egoismo, la piú segreta corruzione.

Quel testimone era un personaggio tra i personaggi; a volte era Swann, a volte Charlus, a volte Saint-Loup, a volte Albertine, a volte Odette, a volte Verdurin.

I personaggi della *Recherche* hanno tutti il loro corrispettivo nella vita reale. L'autore li ha conosciuti, ammirati, disprezzati e poi li ha trasfigurati, fissandoli sulle pagine come i collezionisti fissano sul muro le ali variopinte delle farfalle. Alphonse Daudet, il conte di Montesquiou, il principe di Galles, Anna de Noailles, la loro intelligenza, il loro snobismo, la loro sessualità e le loro mistificazioni. L'*avoir l'aire de...*, si ha l'aria di essere un principe, un intellettuale, una donna innamorata, una persona libera dai pregiudizi. Ma è soltanto un modo di apparire anziché un modo di essere e l'autore si diverte a mettere accanto l'essere e l'apparire descrivendo cosí il modo con il quale si è costituito il tessuto sociale, le sue convenzioni e la sua ineliminabile falsità.

Per questo non c'è gran bisogno di fatti in quel grandioso romanzo che si fonda soprattutto sugli istinti e i sentimenti dei personaggi, ognuno dei quali incarna una passione, un vizio, una forza, un colore; ognuno dei quali contribuisce ad ammobiliare e a decorare il teatro sociale in cui è collocato.

Prima e dopo di lui un'infinità di altri Autori, Artisti, Pensatori, Filosofi, Scienziati, hanno studiato il tempo, l'hanno descritto, vissuto, dominato, subito. E tutti noi, persone viventi, lo sentiamo scorrere accanto a noi e dentro di noi e ne sentiamo il fascino, la paura, l'imprevedibilità, il mistero.

Ma lui soltanto ne ha fatto l'elemento non solo dominante ma esclusivo della sua vita. Ha vissuto trasformando il suo cuore nell'orologio del tempo e l'ha fatto battere fino a quando l'ultima parola del suo libro e l'ultimo attimo del suo tempo furono trascritti.

Poi l'orologio cessò di battere.

Potere e amore, tristezza e sentimento del tempo, fervore creativo e allegria: un'epoca cosí gremita di individualità, cosí ricca di contrasti, cosí disperata per le catastrofi che l'hanno punteggiata e per il male che l'ha sfigurata, a chi ha affidato di rappresentare la sua essenza e tramandarne il ricordo nel momento in cui si sta spegnendo?

Io credo che sia Shakespeare a dover adempiere a quest'ufficio. Nessuno meglio di lui ha compreso e raccontato la violenza del potere, l'amorosa melanconia, l'allegria e la gagliardia della giovinezza. Nessuno piú di lui ha misurato il tempo che senza tregua trasporta i fatti e i pensieri.

La sua biografia è incerta, ma non è questo che interessa: di Omero sappiamo meno ancora, eppure è lui che ci ha trasmesso l'attimo folgorante del nostro inizio, il Big Bang della civiltà occidentale.

Per fortuna l'opera sua è integra, tragedie, commedie, sonetti, personaggi. Una padronanza senza pari della storia, della psicologia, delle passioni, dei vizi, della fragilità, della durezza. Un talento artistico eccezionale. E insieme la capacità di cercare le corde profonde che esprimono il canto, il lamento e l'inno alla gioia.

C'è una stagione della vita nella quale l'anima è tutta un'attesa, un passaggio rischioso dal quale potrai uscire integro o ferito, magato dai sogni o rivestito della toga virile.

Non sei ancora ferrato di furbizia e di esperienza, il tuo candore è esposto ad ogni tentazione. Anche d'incontrare qualcuno o qualcosa che ti indichi la strada, un segno, una voce, una presenza che ti consoli e ti fortifichi. Lo cerchi in un libro, in una musica, sui banchi della scuola, in una taverna.

Egli può prenderti l'anima senza lasciarti in cambio neppure una moneta di rame, oppure può depositarvi il suo seme e la sua ricchezza.

Molto tempo dopo, quando tutto questo sarà lontano e sepolto nel fondo della memoria, ti chiederai: da dove emana questa mia forza? Chi mi costringe a questo vizio segreto? Chi mi ha inflitto questa ferita? Questa melanconia da quali sponde mi arriva?

Sono tanti gli incontri che avrai avuto, gli ospiti che avrai accolto nelle piú intime stanze della tua mente e del tuo cuore. Ma lui, il figlio del contadino di Stratford-upon-Avon è forse il solo senza il quale sarebbe stato impossibile curvarsi sull'anima e parlarle in confidenza, senza sussiego, con tenerezza, con leggerezza, con candida esperienza.

Io ho avuto questa fortuna e voglio indicarla ai giovani d'oggi. Quando avevo la loro età fu Amleto a lanciarmi il primo segnale: «Santiddio, credi che io sia più facile da suonare di un flauto? Chiamami con il nome dello strumento che vuoi, ma per quanto mi pizzichi, non potrai suonarmi», e fu questa rivendicazione d'autonomia del principe danese a farmelo amico.

Poi fu il monologo del re Enrico nella notte che precede la battaglia di Azincourt: la responsabilità del comando, il peso di dover decidere anche per gli altri, per le loro vite e i loro destini.

Infine quel messaggio che conclude la nostra umana vicenda, che ci è sembrata cosí immensamente importante e che invece era piú lieve della traccia che una lepre fuggitiva lascia sulla neve:

«We are such stuff
as dreams are made on; and our little life
is rounded with a sleep».

«Noi siamo della stessa stoffa
di cui sono fatti i sogni
e da un sonno è racchiusa
la nostra piccola vita».

Vivetela bene la vostra piccola vita perché è la sola e quindi immensa ricchezza di cui disponete. Non dilapidatela, non difendetela con avarizia, non gettatela via oltre l'ostacolo. Vivetela con intensa passione, con speranza ed allegria.

L'animale infelice

Credo d'aver già scritto che gli istinti, quando arrivano al livello della coscienza, diventano sentimenti e come tali sono percepiti dalla nostra mente. Non avviene sempre, ma spesso.

Il sentimento è un moto dell'anima percepito dal soggetto, cioè da quello che chiamiamo «io». Se il soggetto è debole anche il sentimento sarà evanescente, se è ben definito, se ha raggiunto l'autocoscienza nella sua pienezza, anche il suo sentire sarà intenso e durevole. Implica l'intervento della volontà, di un comando che trasferisca il sentimento in un comportamento consapevole del quale il soggetto si assume la responsabilità. Il soggetto è consapevole che quel comportamento è stato da lui deciso; se produrrà effetti sarà lui ad averli voluti e sarà lui a doverne rispondere.

Accade spesso però che gli effetti non siano quelli da noi previsti e desiderati. In quei casi il soggetto non sempre è abbastanza onesto con se stesso da assumersene la responsabilità: cerca di ometterla, racconta e si racconta un'altra versione, invoca attenuanti, denuncia corresponsabilità di altri, interpreta a suo modo lo svolgimento dei fatti. E di solito se ne convince, trasforma in verità le proprie bugie prima ancora di raccontarle agli altri.

Infine – e questo è il caso piú frequente – accade

anche che i comportamenti promanino direttamente dagli istinti senza che si siano trasfigurati in sentimenti e senza che la mente sia consapevole di quanto il corpo sta facendo. Quel corpo agisce agito dai suoi istinti e quasi in stato di trance.

Come sempre, la mitologia ci aiuta a capire.

La mitologia è l'aurora d'ogni cultura ed anche quando quella cultura ha raggiunto la sua pienezza, il deposito mitologico resta una presenza alla quale è utile ricorrere per rivisitare la nostra evoluzione. Nessuno oggi saprebbe ricostruire il culto di Apollo o di Demetra o di Artemide, ma quelle divinità rappresentano ancora con vivezza miti e punti di riferimento culturali.

Cosí avviene per capire le domande che gli istinti determinano: la mitologia ha inventato un dio che personifica in sé i comportamenti determinati dagli istinti. Si chiama in molti modi, secondo i luoghi e le religioni, ma il nome con il quale la cultura occidentale l'ha conosciuto è Dioniso, il dio straniero continuamente in viaggio, il dio che si nasconde, il dio che si maschera, il dio che uccide e viene ucciso, che contamina e purifica, il dio del vino, dell'orgia, della mania e della follia.

Ma la mitologia ha anche inventato un'altra divinità altrettanto ambigua e altrettanto crudele ma operante in piena luce, dove le forme dell'essere sono nitide e splendide nel loro nitore: Apollo, il dio del Sole, della lira, dell'arco, dei cavalli aggiogati al suo carro, il dio della profezia. Figlio di Zeus, figlio legittimo, ammesso che si possa porre a Zeus una questione di legittimità.

Anche Dioniso è figlio di Zeus, è nato da una madre mortale che ha su di lui un grande ascendente; è Semele, che l'ha partorito nel buio d'una caverna, nella solitudine e nel mistero.

La caverna dove nasce Dioniso ricorda quel luogo della psiche dove si agitano gli istinti e le pulsioni.

Apollo è la controfaccia dello strano fratello che con lui condivide molti santuari, a Delfi, a Delo, ad Eleusi. I due sentono ciascuno la presenza dell'altro ma non si sono mai parlati né visti né sfiorati. Dove regna Apollo non c'è Dioniso e quando Dioniso arriva Apollo scompare. Apollo siede in Olimpo accanto al padre Zeus, Dioniso non ha alcun seggio tra gli dei.

Sarebbe una splendida quanto ardua impresa letteraria immaginare un dialogo tra quei due fratelli. Forse Nietzsche avrebbe potuto scriverlo e forse l'avrebbe esteso ad un'altra presenza inquietante, quella di Gesú di Nazareth, il Crocifisso che risorse dopo la morte e ritorna ogni giorno nella specie del pane e del vino.

Nietzsche aveva capito come pochi la misteriosa relazione tra Apollo e Dioniso. E con il Crocifisso, con il quale si identificò nei biglietti della follia. Ma non riuscí a rivelarci la radice comune, il nodo che lega intimamente quei tre simboli della divinità. Ebbene, la radice comune sono gli istinti. Dioniso li scatena, Apollo li domina come i selvaggi cavalli aggiogati al suo carro di luce, Cristo li trasfigura trasfigurandosi.

Anche Freud intuí la presenza di quella misteriosa trinità che incombeva sulla psiche stampando su di essa l'orma del Sacro, ma evitò di farsi coinvolgere nelle spire di quel labirintico rapporto di specchi fatati. Forse ne ebbe paura. Era un terapeuta prestato alla filosofia. Non osò entrare nella caverna di Dioniso e nel sepolcro del Crocifisso. Tentò di montare sul carro apollineo e afferrare le redini dei cavalli che ruotano intorno al Sole accecati dalla sua luce, ma il tentativo riuscí soltanto in parte. La natura degli istinti si può descrivere, ma per aggiogarli ci vuole un dio.

La bevanda che sprizza dalla pianta sacra al dio, dai turgidi grappoli dei quali sono piene le mani delle baccanti, contiene il vino allo stato puro, quello usato nell'orgia sacra, che smemora la mente e libera gli istinti. Il corpo allo stato puro liberato dal vino allo stato puro.

Ma c'è anche la tradizione del vino annacquato che ha tutt'altro effetto su chi lo beve: non l'orgia dei coribanti e delle menadi, ma la contenta allegria che aiuta gli uomini a compiere opere e lavori utili godendone i frutti e il meritato riposo.

Viene in mente il ciceone di Demetra e quello di Circe. Del primo si parla negli inni orfici e nei misteri eleusini, del secondo nell'*Odissea* quando si racconta del filtro con il quale la Maga trasformava gli uomini in animali.

La bevanda sacra a Demetra, che serviva a confortare la dea delle messi nella ricerca di sua figlia Persefone rapita da Ade, aiutava uomini e dèi a cancellare le fatiche e a rigenerare le energie. Era composta di orzo e piante di cereali triturate insieme e sciolte nel vino annacquato.

Il filtro di Circe aggiungeva ai cereali triturati vino allo stato puro, miele, spezie e droghe.

Dioniso presiede a questa epifania orgiastica, dove risuonano i tamburi dei coribanti e le grida che invocano a gran voce il dio.

Quando gli istinti si scatenano l'individuo vive in mezzo ad una folla in piena solitudine, una moltitudine vociante e urlante di individui isolati, alienati, inebriati. L'ipnosi e la dimenticanza di sé caratterizzano quella folla di corpi abbandonati dalla mente e invasi dalla *hybris*. Alla fine non c'è che stanchezza e abbrutimento, ma anche dipendenza perché il corpo ha gustato un piacere mai conosciuto prima e vuole riaverlo, vuole che il dio torni e lo chiama, lo evoca, lo implora.

Questa è la potenza di Dioniso, il dio che scatena gli istinti vivendo e morendo con essi. Il ciceone sacro a Demetra è diventato il *kykeon*, la bevanda magica della gioia abbrutita, il filtro sacro del delirio, del lamento e dell'oblio.

Nella caverna degli istinti dove insieme si mescolano sangue, linfe, fasci nervosi, insomma la vita del corpo inconsapevole di sé e che noi impropriamente chiamiamo la zona del sé, uno domina su tutti gli altri ed è l'istinto di sopravvivenza.

Non soltanto nella nostra specie la sopravvivenza è l'istinto dominante, ma in tutti gli esseri viventi, vegetali e animali.

La sopravvivenza si manifesta in molti e diversi modi. L'albero si inclina per cercare la luce e produrre le fronde attraverso i processi di fotosintesi, le sue radici si allungano dentro la terra per succhiare le materie con le quali far crescere il tronco. Gli animali cercano l'acqua e vanno a caccia del cibo e noi, esseri umani, facciamo altrettanto per soddisfare i nostri bisogni primari.

Ma noi, a differenza delle altre specie, abbiamo il pensiero.

Che cosa sia il pensiero, come nasca, come si conservi nella memoria, se produce effetti sul corpo o se il corpo sia la culla e la nutrice del pensiero, sono domande ancora prive di risposte concordi, attorno alle quali si affollarono i filosofi, gli scienziati, gli artisti e noi tutti che pensiamo e non abbiamo capito ancora se siamo noi a guidare i pensieri o i pensieri a guidare noi.

Eppure, già da quest'ultima riga, vedete qual è il miracolo del quale è capace la nostra specie: siamo in grado di distinguere quel «noi» dal nostro pensiero. Ripeto la frase: non abbiamo ancora capito se siamo noi a guidare i pensieri o i pensieri a guidare noi.

Questa frase è la dimostrazione che il pensiero è in grado di pensare se stesso. Questo miracolo ha luogo in ogni attimo della nostra vita; nel momento in cui quel miracolo diventa fisiologicamente impossibile noi cessiamo di esistere anche se il cuore continua a battere.

Nel momento in cui non c'è piú pensiero l'io è morto e il corpo che vive ancora è soltanto una spoglia senza piú memoria né volontà né conoscenza. Senza piú istinti capaci di diventare sentimenti e passioni.

Sopravvivono alcuni organi, un ammasso di liquidi e

di gas organizzati: una pompa che aspira il sangue, l'ossigeno che il sangue porta nelle cellule, le tossine che il fegato filtra. Alcuni organi senza piú organismo.

L'io è un'efflorescenza immateriale che personifica l'organismo. Quando l'io è morto, l'organismo muore con lui.

Dunque noi, in piú, abbiamo il pensiero, la mente riflessiva in grado di riflettere su se stessa.

L'organo materiale donde scaturisce la mente immateriale è il cervello, i miliardi di neuroni che lo compongono, le connessioni che li collegano, le mappe specializzate a ricevere ed elaborare le percezioni trasmesse dai fasci nervosi, le tossine che lo inquinano, il sangue che l'ossigena e lo nutre.

C'è un'immagine suggestiva per comprendere bene il rapporto tra cervello e mente; l'immagine riguarda il rapporto tra un pianoforte o un violino o un qualsiasi strumento musicale e la musica che scaturisce da quello strumento. La musica nasce dallo strumento ma senza la musica lo strumento sarebbe un oggetto non necessario e del tutto inutile. La variabilità dei suoni è strettamente connessa all'oggetto che li produce. Se il pianoforte è scordato anche i suoni lo saranno.

Prendete un cervello inebriato da alcol o da droghe: le capacità di pensare della mente risulteranno modificate. Altrettanto modificate se il cervello si ammala, ma anche se un altro qualsiasi organo del corpo ammalandosi trasmette al cervello le tossine che lo inquinano.

La mente è insomma soggetta a modifiche derivanti dal corpo, è una struttura dipendente dal corpo in generale e dal cervello in particolare, ma a sua volta i suoi pensieri sono altrettanti stimoli che agiscono sul corpo e ne modificano i comportamenti. Questa strettissima interconnessione tra la materialità del corpo e la mente riflessiva è uno dei punti piú sensibili della nostra natura, della sua fragilità e della sua potenza.

La mente percepisce le pulsioni che emergono dagli istinti e le trasforma in desideri. Noi siamo infatti una specie desiderante i cui desideri non sono mai appagati senza che ne sorgano altri egualmente intensi che reclamano d'esser soddisfatti.

Questa umana condizione si può definire dicendo che il nostro desiderio desidera di desiderare e questo è «l'in piú» che ci distingue dalle altre specie animali. I loro desideri sono ripetitivi mentre i nostri sono evolutivi. Noi desideriamo il tutto perché abbiamo un concetto del tutto. Siamo e ci sentiamo il centro del mondo perché guardiamo il mondo come il tutto che è esterno a noi, distinto e separato da noi, terra di conquista se non vogliamo esserne conquistati.

Il mondo è dunque l'oggetto del nostro inesauribile desiderare, il miraggio che eccita la nostra volontà di potenza.

La desideranza che ci pervade coincide dunque con la vita. Desideriamo la vita perché sappiamo che moriremo. Gli animali non sanno di dover morire, non sanno di invecchiare, non sanno d'esser nati. Vivono il loro presente senza memoria di passato né capacità di progettare il futuro che non sia l'appagamento dei bisogni primari: la caccia al cibo, la ricerca della femmina, la difesa della prole appena nata e ancora parte inscindibile della madre che l'ha partorita.

Sono innocenti gli animali poiché vivono secondo la loro natura senza consapevolezza. Innocenti e felici perché privi di discordanza.

La coscienza è infelice ma evolutiva, l'innocenza invece è felice e ripetitiva, il ciclo dei suoi desideri è sempre lo stesso, si rinnova con identiche modalità.

Ma noi, noi che ci siamo sollevati da terra e abbiamo potuto alzare la testa e guardare il cielo, noi che possiamo contrapporre il nostro pollice alle altre dita e perciò possiamo costruire oggetti che rendono possibile una sopravvivenza evolutiva, noi che abbiamo il pensiero e desideriamo desiderare, noi che trasfiguriamo gli istinti in sentimenti, noi che immaginiamo, noi che popoliamo il nostro mondo fantastico e raccontiamo il nostro vissuto, noi artisti, inventori, esploratori, noi posseduti dalla passione di conoscere; ebbene, noi siamo ancora e nonostante tutto animali?

Ho pensato innumerevoli volte questa domanda. C'è stato un periodo molto turbato della mia vita in cui le persone che mi accadeva di incontrare mi apparivano piú simili ad animali che a uomini o donne. Quello che avanzava impettito lo vedevo pinguino, quella che camminava flessuosa la vedevo gatta, la falcata leggera era gazzella, le orecchie grandi e la persona grande e possente si proponeva come elefante, ma vedevo anche intorno a me zanzare e farfalle, formichieri, musi di topo, linci e leoni. Probabilmente era una nevrosi, ma assumeva la forma di curiosità d'indagare fino a che punto una sembianza animalesca fosse rimasta insita nelle strutture dei volti e delle movenze che incontravo.

Naturalmente guardavo anche me stesso sottoponendo all'indagine la mia fisionomia, ma in quel caso non coglievo in me sembianze animali. Questa eccezione mi stupiva e non sapevo come spiegarla finché mi detti una risposta che mi acquietò: specchiandomi vedevo io, che non poteva assomigliare ad altro che ad io.

Quella nevrosi durò qualche mese, poi passò e non è piú tornata anche se qualche sembianza animalesca è visibile in alcune fisionomie umane. Ricordo che mi affaticò molto perché era l'indice di alcune laceranti discordanze che erano emerse dal mio profondo.

Accade cosí, quando dalle regioni dell'inconscio si staccano isole migrabonde che la mente percepisce senza riuscire a decifrarne la natura né la rotta. Quelle isole sviluppano un'attrazione, una forza di reciproca gravità che configura nuove geografie dell'anima, i desideri si sovrappongono e si contrastano. Ed è allora, attraverso quelle laceranti fessure dalle quali erompono gli istinti, che cominci a vedere il tuo sé con piú acuto sguardo, cogliendo non piú soltanto con l'intelletto ma con una piú diretta percezione sentimentale la molteplicità dell'empito amoroso che si agita nei recessi dell'anima: l'amore di te, l'amore per l'altro, l'amore per gli altri.

Il racconto di questo triplice amore non è altro che il racconto della tua stessa vita, il racconto del proprio destino che fa diverso ciascuno di noi dai suoi simili secondo il rapporto che si crea tra quei tre tipi di amore. Amiamo noi stessi, un altro, molti altri. Per questo siamo ambigui, contraddittori, tormentati, affetti da complessi di colpa esistenziale. Siamo dominati da egoismo o da altruismo, la polarità si ripropone di continuo ed è al tempo stesso ricchezza e fragilità, gioia e doloroso tormento.

Scrisse Diderot nel dialogo intitolato *Le rêve de d'Alembert*: «Non c'è in tutto il mondo un essere vivente che non soffra e non goda». Noi soffriamo godendo e godiamo soffrendo perché sentiamo la nostra duplicità, l'intreccio delle forze che si confrontano e si contrastano dentro di noi senza tregua costruendo il tessuto della nostra vita.

Entra in scena Eros

Quando ho cominciato a scrivere queste riflessioni sugli istinti, i desideri, le passioni che costituiscono il nostro tessuto psichico, ho pensato che per iniziare un viaggio in quella misteriosa regione dell'essere tante volte esplorata ma ancora incognita perché continuamente mutevole, avrei avuto bisogno di una guida, d'un simbolo che fosse il mio punto di orientamento.

Non è per niente facile entrare nella caverna dei propri istinti per studiarne la natura e utilizzarla come una sorta di campione conoscitivo. Bisogna sottoporsi ad uno sforzo di oggettivizzazione molto arduo, mettendo la propria mente alla ricerca della propria psiche ben sapendo che nel momento in cui la mente pretende di esplorare la psiche, questa a sua volta condizionerà la mente.

Si può parlare di psiche e di mente come di due distinte entità operanti l'una nella regione dell'inconscio e l'altra in quella della consapevolezza? Chi guiderà quest'affascinante danza tra due diverse figure della nostra umana natura?

Sarei portato a dire che è la mente a guidare i passi e le movenze della danza perché è la mia mente che ha deciso di intraprendere il viaggio ed ha scelto il luogo psichico dal quale promanano i flussi istintuali in continua evoluzione.

Ho letto molti libri scritti da persone afflitte da gravi malattie che raccontano la loro vita mentre il male le sta distruggendo giorno per giorno. Ed altri libri ho letto nei quali, creando personaggi di fantasia che si muovono però in un'evidente dimensione autobiografica, l'autore descrive l'insostenibile leggerezza dell'essere, come Milan Kundera ha definito quel tipo di ricerca del profondo fatto attraverso il racconto.

Goethe testimoniò al piú alto livello nel *Faust* il rapporto tra se stesso e il proprio demonio. Freud l'affrontò partendo dalla sua esperienza di terapeuta e fu quella la materia documentale che mise a disposizione della sua mente per ragionarvi sopra.

Non si sa fino a che punto questi esperimenti lascino la mente che li effettua al riparo di conseguenze. Quando si parte per un viaggio che non sia una semplice gita ma un atto conoscitivo, non si può sapere se e come quell'esperienza reagirà sul viaggiatore.

Italo Calvino, quando scrisse *Se una notte d'inverno un viaggiatore*, era perfettamente consapevole che il suo romanzo avrebbe raccontato le vicende d'un personaggio il cui viaggio diventa l'essenza della vita successiva. E Nietzsche che altro ha fatto per tutta la sua esistenza se non tradurre in pensieri filosofici i propri impulsi psichici e manipolare quegli impulsi attraverso la sua filosofia?

E Shakespeare? È lui che crea Bruto, Otello, Amleto, Macbeth, Lear, Enrico e Falstaff; ma quanto e fino a che punto i personaggi creati avranno modificato i sentimenti e la vita del loro creatore?

Se la domanda era dunque: chi guida la danza tra la mente e la psiche, alla quale mi sono azzardato a rispondere che spetta alla mente invitare la psiche e guidarne i passi, adesso dico invece che l'intreccio e la reciproca manipolazione tra questi due momenti del nostro essere sono continui ed è impossibile distinguerne l'appartenenza. Chi parte non sa come ritornerà. È vero per tutti, ma per chi pretende di esplorare la propria psiche è ancora piú vero, o almeno, cosí mi pare che sia.

Ma ora è venuto il momento di far entrare in scena Eros, il grande Protagonista della nostra vita.

«In me Eros,
che mai alcuna età mi rasserena,
come il vento del nord rosso di fulmini,
rapido muove; cosí, torbido
spietato arso di demenza...»

«Eros, dolce amara indomabile belva».

Cosí lo cantavano i greci del sesto secolo quando l'hanno vissuto nel loro sangue, nei loro sogni, nella loro carne, cosí come tutti noi, uomini e donne che lo sentiamo agitarsi nelle nostre piú intime fibre.

Saffo scrive: «Scuote l'anima mia Eros» mentre tramonta la luna e le Pleiadi a mezzo della notte.

Chi è dunque Eros, anzi che cosa è?

Le sue origini sono oscure. Non è un dio nell'accezione classica e olimpica del termine. La tarda mitologia lo battezzò dio dell'amore, generato da Afrodite e da Ares, paggetto della madre con il nome di Cupido, con le sue frecce che suscitano innamoramenti passeggeri e furtivi a fior di pelle. In questa versione riduttiva l'amore sarebbe dunque figlio del piacere (Afrodite) e della forza maschile (Ares).

Evidentemente l'inventiva mitologica aveva perso la capacità creativa quando la filosofia era diventata signora del pensiero, pervadendo la mente con l'analisi della logica e dei concetti e accantonando la fantasia.

Per la mitologia piú antica Eros è invece una divinità primigenia che domina gli dèi e gli uomini suscitando in essi il desiderio e l'entusiasmo del desiderio. Figlio della Notte o dell'Erebo o dell'unione tra Oceano e Teti oppure del Cielo e della Terra; è una mitologia che si confonde con la cosmogonia. Tradotto nel nostro linguaggio, fa di Eros il signore degli istinti che si agitano nella caverna dell'inconscio dove prende forma Psiche. Eros, signore degli istinti, e Psiche, la sua creatura e la sua sposa.

Heidegger lo chiamerebbe «essere», non quello di Parmenide sempre simile a se stesso, ma quello di Eraclito che si realizza nel suo continuo divenire. Non è mai arrivato a configurarlo e nominarlo in questo modo, ma la sua visione è cosí complessa e multiforme che autorizza ad interpretarlo con quel significato.

Eros infonde il desiderio di sopravvivenza in tutti gli esseri viventi e opera in particolar modo sulla nostra specie, capace di pensare il desiderio e di desiderarlo. E poiché l'«essere» non è altro che l'insieme di tutti gli enti, possiamo dire che coincide con l'infinità cangiante della vita che nell'uomo e nella donna si colora di passione.

Si può dunque dire che l'«essere» ha una curvatura erotica? Si può dire che questa curvatura si riflette in tutti gli innumerevoli enti che lo compongono?

Sí, credo che si possa dire. La curvatura erotica dell'«essere» genera il desiderio dell'amore e la brama del potere, le due forze che dominano il mondo e ciascuno degli enti che lo abitano.

Amore e potere significano vita, danno senso alla vita in tutte le sue forme e nei suoi diversi destini.

Sono due passioni, l'Amore e il Potere, e chi di noi nel corso della vita non ha patito almeno una volta per sete d'amore e per brama di potere? Chi non ha gioito e sofferto, chi non ha conosciuto gioia e dolore a causa di quelle passioni?

Gli umani conoscono bene quella gioia e quella sofferenza, che si identificano con un volto, uno sguardo, un profumo, una voce, una carne che è quella dell'amato ma anche la propria, la fusione di due in uno, il tremore dell'essere.

L'essere trema perché la fusione dei corpi dura un tempo breve, trascorso il quale i sessi si ritraggono, la trasfigurazione s'interrompe, i corpi tornano ad esser due, ciascuno è di nuovo solo con se stesso, la tristezza subentra al godimento e la sola via di fuga è il sonno che reca con sé l'oblio. La carne è triste dopo aver gustato il piacere. Eros è triste dopo l'entusiasmo che l'ha sfrenato.

Il risveglio e il giaciglio vuoto al tuo fianco segnano il punto della catastrofe. «E tutta in sudore e tremante

| come erba patita scoloro: | e morte non pare lontana | a me rapita di mente».

Queste sono le dolorose stazioni della passione, quando l'amore per l'altro soverchia l'amore di sé. Ma poi l'amore di sé torna a prevalere. La natura amorosa di solito si declina al femminile. Per i maschi è diverso: la competizione alimenta l'amore di sé, un istinto prima ancora che un sentimento, un altro modo di esprimere la brama di potere.

Alla base di tutte queste passioni e del patimento che suscitano c'è il desiderio: *kai potheo kai maomai*, «e soffro e desidero». Vale per l'amore come per il potere.

Nella nostra specie l'intreccio tra godimento e sofferenza è piú intenso perché si allunga davanti a noi l'ombra del nostro ultimo appuntamento, dell'ultima metamorfosi, dal corpo vivente alle sue spoglie, dalla brace alla cenere. Solo in quel trapasso il desiderio si spegne per sempre.

L'amore di sé merita ancora un momento di riflessione.

Si ama l'io, il proprio naturalmente, e tutti viviamo da che mondo è mondo invasi e sorretti da questo solitario innamoramento. Da quando la nostra mente ha imparato a pensare se stessa, quell'istinto si è raffinato, abbiamo imparato a nasconderlo, a camuffarlo, perché per qualche ragione ce ne siamo vergognati. Ma è una vergogna immotivata, si tratta dell'istinto basilare della nostra specie, fa tutt'uno con la forza vitale. Ci si può vergognare dell'istinto che ci tiene in vita?

Ma un motivo c'è in quella vergogna: l'egoismo toglie spazio all'altro moto dell'anima altrettanto basilare che chiamiamo etico: l'amore per gli altri. Questi due momenti albergano nell'animo umano e spesso il primo soverchia il secondo. La Rochefoucauld fece di questa dialettica il cardine delle sue *Massime* e a proposito dell'amor proprio scrisse pagine di mirabile acutezza tra le quali traggo questa citazione: «Non mi si venga a parlare dell'amor proprio come di un vizio; è uno stato naturale e necessario. Moralmente ogni amor proprio equivale all'altro. Ciascun uomo ha tanto amor proprio quanto può nutrirne e ciascuno lo porta a modo suo: alcuni a testa alta, altri a capo chino. I cristiani lo portano alla rovescia e capovolto. Esso è presente in tutte le fasi della vita e in tutte le condizioni, vive dappertutto, si adatta alle cose e alla loro mancanza, passa perfino dalla parte di coloro che gli fanno la guerra e, cosa sbalorditiva, odia se stesso con loro, congiura e lavora alla propria rovina. Insomma si preoccupa solo di esistere e pur di farlo accetta anche di essere nemico di se stesso. Anche quando sembra sconfitto e si crede di essersene liberati, lo si ritrova trionfante nella propria disfatta».

Tra i filosofi quello che l'ha esposto e teorizzato con maggiore chiarezza è stato Benedetto Croce quando scrisse che tutti gli atti motivati da un impulso etico ci danno piacere anche se ci causano patimento. Se procacciare sollievo al nostro prossimo non desse piacere anche a noi, l'intera struttura morale crollerebbe. Lo spirito – cosí ragiona Croce – è spinto al fare dalla sua natura egoistica che resta presente anche quando vive un momento etico.

Freud ragionava in modo analogo trasportando questi momenti distinti nel campo della patologia psichica: il sado-masochismo teorizzato da Freud è una coppia di passioni che danno simultaneamente patimento e piacere.

Ciascuno di noi può verificare nel proprio vissuto l'intreccio di questi istinti. Cerchiamo il nostro piacere e l'appagamento dei nostri desideri, ma cerchiamo anche il piacere di alleviare le sofferenze altrui. Consolare gli altri e alleggerire i loro dolori ci inorgoglisce, appaga un nostro bisogno, allevia i complessi di colpa che oscurano la nostra egoistica felicità.

Qualcuno ha scritto che Gesú di Nazareth e Francesco d'Assisi furono due grandiosi egoisti, cosí grandiosi d'aver speso l'intera loro vita costellandola di sacrifici fino a quello estremo, in favore del prossimo; due masochisti che realizzarono nel sacrificio il massimo del loro piacere.

C'è molta irriverenza in questo giudizio se lo si legge nella sua paradossale letteralità; coglie tuttavia un aspetto reale: il nostro piacere non può mai essere assente dai nostri atti, altrimenti quegli atti non potrebbero esser compiuti. Ogni atto è un elemento di vita, quindi di piacere. Il momento del dolore non va contro la vita. Il tedio, quello sí, è un sentimento contro la vita perché conduce inevitabilmente all'inerzia, niente piú atti e niente piú pensieri, ma solo un mare d'angoscia che sommerge l'io fino ad annientarlo.

C'è dunque un momento etico dell'egoismo. Si può dire anche in un altro modo: c'è un momento amoroso dell'egoismo, un egoismo nobile e sublimato. E poiché l'egoismo s'identifica con la brama di potere mentre l'etica si esprime con l'amore per gli altri, ecco che ancora una volta constatiamo la convivenza dialettica del potere con l'amore.

Eros li contiene e li esprime entrambi con la sua forza e la sua tenerezza, la sua potenza e il suo languore ed è suo il passo misterioso che tremando sentiamo camminarci sull'anima.

Ragionavo un giorno di queste cose «con Psiche, con l'anima mia» come scrive Poe in una delle sue piú intense composizioni poetiche, dove Psiche sta per la donna da lui amata.

Eravamo in una terrazza circondata da rocce color di rosa affacciata sul golfo di punta Sardegna, con il dorso di Caprera davanti a noi e i monti della Corsica a nordovest battuti dal maestrale.

«Dovresti scriverne, – mi disse, – ma con linguaggio poetico, non filosofico».

«Non sono un poeta, – obiettai. – Sai bene che poeti si nasce, non si diventa».

«È vero, – rispose, – ma questi tuoi pensieri vivono di sentimenti, non di concetti. Devi trattarli con delicatezza, sono ali di farfalla e le puoi solo sfiorare». Poi mi domandò: «Qual è il poeta che piú degli altri ha sentito Eros dentro di sé? Tu parli spesso di Saffo, ma ti domando di un poeta moderno, che abbia conosciuto l'aeroplano, l'energia elettrica e il telefono. Eros può convivere con la tecnologia?»

«È tardi, – le dissi, – andiamo a cena».

S'era fatto buio e sulla nostra testa si vedeva la falce della luna nuova di settembre e la stella di Venere che le splendeva accanto. Ma la sua domanda m'era rimasta dentro: qual è il poeta moderno che ha sentito Eros camminargli sul cuore?

Ci ho pensato molte volte. Quanto moderno?

Shakespeare è modernissimo, anche Omero e anche Dante lo sono. Hanno cantato l'amore e il potere, la ferocia, il destino, il regno degli Inferi. Hanno intravisto il Sacro, il fuoco delle bolge e il gelo della Giudecca.

Poi ho pensato che nessuno di loro aveva usato il telegrafo e neppure l'acqua corrente. Ma può la tecnologia mettere in fuga Eros, signore degli uomini e degli dèi?

Di poeti erotici che abbiano vissuto come noi e abbiano viaggiato in treno e in aereo ne abbiamo incontrati tanti. L'ultimo forse è stato García Lorca, il poeta delle ballate gitane e del male oscuro. Eros se l'è portato dentro in Andalusia e nei bassifondi di Harlem fino a quel giorno in cui morí ammazzato, non si sa come e perché. È stato l'ultimo brivido d'una modernità intirizzita.

L'amore romantico

Anche l'amore per gli altri merita un momento di riflessione e un approfondimento storico.

L'amor proprio non ha storia, è un istinto immutabile che si riproduce nel sé di ogni individuo, le sue varianze dipendono dai connotati biologici e psicologici del soggetto. L'amore per gli altri si realizza invece in un contesto sociale, modifica le istituzioni e ne è a sua volta modificato, quindi ha una sua storia che ci aiuta a capire in quale mondo abbiamo vissuto e in quale mondo stiamo vivendo.

Ci fu un tempo in cui la dimensione privata della vita era del tutto irrilevante. Non dico inesistente perché l'individuo convive con se stesso in ogni attimo della sua esistenza ed ha con se stesso un'intimità esclusiva.

È pur vero che spesso quell'intimità rimane inesplorata e quindi sconosciuta a chi meglio di qualunque altro potrebbe acquistarne la confidenza; ma almeno una parvenza e comunque un inalienabile diritto alla privatezza permane nell'animo di ciascuno.

Per questo ho detto che la dimensione privata nelle società antiche non era inesistente ma irrilevante. L'amore verso l'altro irrilevante. Contava l'appartenenza familiare e tribale e al rafforzamento di quell'appartenenza anche l'amore era, doveva essere, subordinato senza che i soggetti interessati si sentissero lesi nei loro diritti e nella loro dignità di persone.

Poteva tuttavia accadere che l'amore per l'altro fosse vissuto come una sfida agli interessi familiari e tribali. Allora l'irrilevanza si trasformava in trasgressione e veniva repressa e punita.

Questa situazione è durata – in forme diverse ma analoghe nella sostanza – per millenni e dura tutt'ora nei paesi in cui la cultura e la religione privilegiano la comunità rispetto alla persona e il maschio rispetto alla donna.

La modernità tuttavia ha compiuto un capovolgimento rivoluzionario nel campo dei diritti. Direi che proprio questo capovolgimento è stato il suo tratto piú rilevante. Il privato è stato posto al centro della società in tutti i campi, in politica, in economia, nel costume. Il concetto di libertà ha assunto contenuti diversi. La libertà antica aveva il suo centro nella *polis*, era la città che reclamava la sua libertà e gli uomini liberi erano quelli che avevano diritto di partecipare al suo governo.

La *querelle* che ha caratterizzato la cultura liberale dell'Ottocento ha avuto come tema la differenza tra la libertà degli antichi e quella dei moderni per i quali il titolare del diritto di libertà non è piú la *polis* ma l'individuo.

Poteva il sentimento amoroso sottrarsi a questa gigantesca rivoluzione? E infatti il nuovo canone del «privato» assurse a principio che nell'amore e nella formazione della coppia modificò radicalmente la sostanza e la fenomenologia del comportamento amoroso.

A sostegno del nuovo costume e del suo rilievo sociale c'era anche il principio dell'eguaglianza di tutti i cittadini dinanzi alla legge ed una riconsiderazione del ruolo della donna. Fu solo un inizio, molta strada doveva ancora esser fatta.

La rilevanza del privato è stata l'evento essenziale dell'età dei Lumi ed ebbe come fondamento il relativismo di Montaigne, di Montesquieu, di Descartes e poi di Hume, di Diderot e di Voltaire ed è da quel momento che l'amore verso l'altro diventò il fatto centrale della nuova società laicizzata.

Un fatto centrale che però assunse due forme molto diverse tra loro: l'amore libertino e l'amore romantico. Da allora queste due forme hanno convissuto avvicendandosi nel ruolo socialmente dominante.

La privatezza del sentimento amoroso e la sua duplicità hanno avuto anche un effetto culturale di grandissima importanza: la nascita del romanzo moderno. Tutto è istinto ma tutto è cultura nella storia. L'istinto amoroso diventa sentimento, l'arte e la letteratura raccontano quel sentimento e raccontandolo lo rispecchiano e lo guidano.

La dimensione pubblica della società era stata (ed è tutt'ora) materia di narrazione storica; la dimensione privata non poteva che dar luogo ad una narrazione di fantasia. Il racconto dell'amore libertino pose le basi del romanzo, il romanticismo lo portò al suo culmine, diffondendosi in tutte le arti e pervadendole di sostanza sentimentale.

Le trasgressioni

Posso prevedere un'obiezione a questo mio racconto del sentimento amoroso: l'affermarsi del privato e la nuova società basata sull'individuo non sono stati il frutto e l'essenza del Cristianesimo? C'era bisogno di aspettare millecinquecento anni per annunciare una rivoluzione che era già avvenuta e che – quella sí – aveva sconvolto il mondo mettendo fine ad una civiltà che aveva avuto una storia grandiosa, basata sulla forza e sull'*imperium*? Non il romanzo di Balzac o di Flaubert, di Dostoevskij e di Tolstoj, di Proust e di Broch, ma la predicazione di Gesú, i Vangeli, le lettere di Paolo, avevano diffuso la religione dell'amore, affermato la dignità della persona, annunciato il riscatto dei deboli e dei poveri. Questa era stata la vera e grandiosa rivoluzione nel rispetto dell'Assoluto, nella speranza della sua misericordia, nell'incarnazione del Figlio e nel suo sacrificio per la salvezza degli uomini, creati a sua immagine e somiglianza.

L'età dei Lumi ed il suo relativismo avevano semmai deturpato la libertà cristiana rendendo lecita ogni trasgressione. L'esaltazione della ragione certo, ma la ragione non era l'avversaria della fede e neppure la sua ancella. Il Dio cristiano aveva dotato gli uomini di ragione e aveva fornito alla loro anima e alla loro mente l'opzione della fede. Li aveva responsabilizzati.

A causa dell'errore compiuto da Adamo e da Eva sedotti dal serpente gli uomini erano caduti nella storia, un percorso travagliatissimo e insidiato ad ogni passo dal male.

Per recuperarli all'alleanza con Dio, il Figlio aveva assunto la forma umana e predicato l'amore. Chi rifiuta questa narrazione non rifiuta soltanto la fede ma anche la ragione, quella buona, quella pura, quella che ha la fede come sorella e compagna di viaggio.

Questa è l'obiezione. Anzi il racconto alternativo. Dov'è dunque la verità? Esiste una verità valida per tutti? Qual è l'amore predicato dal Nazareno?

Quando Gesú di Nazareth iniziò la sua predicazione in Galilea, la sua attenzione si concentrò soprattutto sui deboli e sui poveri e fu su quei temi che raccolse i primi consensi e i primi seguaci. Ad essi era riservato il regno dei cieli mentre i ricchi per varcarne la soglia avrebbero dovuto passare per «la cruna d'un ago».

Questo tema, sociale prima che teologico, ha costituito il nerbo della predicazione iniziale del figlio di Giuseppe. Ad esso si affiancò quello della *caritas*, cioè dell'amore per gli altri. Non per l'altro, ma per gli altri. L'amore per l'altro, cioè il rapporto di coppia, non è ignorato ma visto nell'ottica procreativa e sempre con lo sguardo rivolto a Dio.

La mistica cristiana vive un rapporto di coppia – se cosí si può dire – nel rapporto con Cristo. La Chiesa è la sua sposa. La mistica comunque ha rappresentato nella storia cristiana un aspetto certamente importante ma minoritario; nell'altra religione monoteistica, l'Islam, nata anch'essa dalla costola di Abramo, i mistici hanno avuto un ruolo di maggior rilievo.

La predicazione «sociale» di Gesú toccò il culmine nel discorso della Montagna, implicò una rivalutazione della persona e la pari dignità di tutte le persone al cospetto del Creatore, senza però mettere in discussione le istituzioni. Gli schiavi in quanto persone furono considerati anime e non piú cose e quindi egualmente degni di fare il loro ingresso nel regno delle beatitudini divine; ma quest'eguaglianza si sarebbe realizzata nell'oltremondo, non su questa terra. Il Cristianesimo non mise in discussione lo schiavismo neppure in tempi relativamente recenti. In pieno Rinascimento il commercio degli schiavi continuava in Africa e nelle Americhe sotto gli occhi della Chiesa senza alcuna sanzione religiosa, anzi con grande tolleranza.

Non è affatto sbagliato definire il Cristianesimo come la religione dell'amore nel senso che il Dio crocifisso fu concepito con un sovrappiú di misericordia rispetto al Dio della Bibbia ed anche per il pressante e sempre ripetuto invito ad amare il prossimo, a rimettere i debiti e a perdonare il male che ci è stato fatto. Dunque amore per gli altri, fraternità, carità.

Ma l'amore romantico non ha posto nella concezione cristiana e perfino la soddisfazione del bisogno sessuale è di fatto ignorata, anzi viene raccomandato d'essere assai sobri nell'appagamento di quel bisogno e addirittura di escluderlo quando non sia accompagnato e purificato dal desiderio di procreare. Il rapporto di coppia santificato nel sacramento del matrimonio lega indissolubilmente gli sposi anche se il desiderio amoroso e sentimentale è venuto a mancare.

Entro questi limiti, che restano tutt'ora intangibili, l'amore cristiano ha esercitato la sua influenza sul costume ed anche sulle istituzioni civili. È un amore diretto verso l'alto, verso Dio, verso il Figlio e verso la Madre assunta in cielo; la *caritas* è rivolta al prossimo sempre in funzione del *gloria in excelsis*.

La curvatura erotica non fa parte del canone cristiano che anzi la considera peccaminosa. Forse il piú grave di tutti i peccati. Anche la brama di potere che proviene dall'egoistico amore di sé è sconfessata. Dunque una religione ascetica e monacale che ha come finalità il ferreo controllo degli istinti e come episodio di caduta il cedimento ad essi e al peccato.

Il peccato si cancella con il pentimento, la confessione, la penitenza e il proposito di non cadervi piú. Ma le cadute sono infinite quanto la misericordia divina. Due infiniti che generano inevitabilmente uno stato di fatto peccaminoso all'esterno e all'interno della comunità cristiana e della stessa Chiesa.

Il peccato rappresenta uno dei cardini di quella religione. Del resto il Genesi è costruito sul peccato. La sola passione santa e santificante è l'amore verso Dio a costo d'ogni sacrificio e d'ogni martirio.

Viene in mente (e come potrebbe non venire in mente?) la pagina del «Grande Inquisitore» nei *Fratelli Karamazov*, dove dietro il cardine del peccato spunta la realtà della «grande ipocrisia». Quando si tenta di soggiogare gli istinti si compie un'irrealizzabile operazione contro natura, destinata al fallimento. Si tenta di trasformare la società umana in una società angelica con il risultato di creare un nuovo peccato, forse il piú grave sebbene non figuri negli elenchi catechistici. L'ipocrisia è un peccato condiviso tra chi la commette e chi la tollera e addirittura l'incoraggia affinché la fede non venga meno. La liturgia, cioè l'apparenza, che certifica il consenso.

Non è un caso che uno dei sacramenti in decadenza sia la confessione. Era diventata un atto automatico invece di un percorso spirituale che cercasse di educare e semmai sublimare gli istinti.

Gli istinti producono amore verso di sé, brama di potere, amore per l'altro, amore per gli altri. Si può tentare di guidarli ma non di annullarli. Ma se la misericordia è infinita, i peccatori saranno recidivi in permanenza.

Il Grande Inquisitore lo sa, ne prende atto e su questo fonda il suo potere. Cade anche lui nel peccato e ne dà la colpa al Figlio di Dio che promise agli uomini il pane celeste mentre essi volevano il pane terreno.

Io ricordo la mia prima confessione. Avevo otto anni e mi preparavo insieme ai miei compagni della quarta elementare e ad altri ragazzi della stessa età a ricevere tre sacramenti di grande importanza nella liturgia cattolica: la cresima, la prima comunione e la confessione che li precede e senza la quale era allora impossibile accostarsi agli altri.

Andavamo tutti i pomeriggi all'oratorio della chiesa cattedrale intitolata a San Francesco e studiavamo il catechismo, le virtú teologali, i peccati capitali; leggevamo il Vangelo guidati da uno dei sacerdoti della parrocchia, recitavamo le preghiere. Don Piero ci spiegava la messa, intonavamo con lui le giaculatorie e canticchiavamo alcune canzoni. Poi veniva il parroco a benedirci.

Questo tirocinio durò una settimana, seguita da due giorni di ritiro nelle stanze dell'oratorio e nel cortile adiacente. Lí mangiavamo di magro e dormivamo.

Per me era una festa, ero figlio unico e vivere per due giorni con una ventina di coetanei era una ventata d'allegria piú intensa di qualsiasi vacanza. Credo che anche i miei compagni si divertissero molto a stare tutti insieme e a dormire in uno stanzone con i letti a castello. E poi avevamo già visto e indossato in prova il vestito della festa.

Anche quello era stato un avvenimento. La maggior parte dei ragazzi aveva un costume da marinaio; lo chiamavamo costume perché per noi la prima comunione con tutti quei preparativi era una sorta di festa in maschera. I miei genitori mi avevano preparato una divisa da guardiamarina, da ufficiale e non da semplice marinaretto: tutta di panno bianco, la giacca era un figaro che finiva all'altezza della vita, pantaloni lunghi e un fischietto d'osso nel taschino perché – mi avevano spiegato – in marina gli ufficiali davano gli ordini col fischietto.

Civitavecchia, dov'ero nato e ancora abitavo (ce ne andammo a Roma l'anno dopo), era una città di mare perciò era normale che nelle cerimonie della prima comunione i ragazzi fossero vestiti in quel modo, i preti non avevano problemi se si andava a prendere l'ostia mascherati da militari.

La confessione però ci preoccupava molto: in ginocchio al confessionale con una grata di fronte agli occhi dietro la quale si intravedeva il viso del confessore. Bisognava parlare a bassa voce e dichiarare i peccati commessi.

Quali peccati? A otto anni era difficile trovarne, ma don Piero ci metteva sulla buona strada: bugie, peccati di gola, qualche schiaffo dato e ricevuto, qualche capriccio e molte disobbedienze. Per i cattivi pensieri era ancora troppo presto e comunque don Piero non ce ne parlò.

Un altro momento di batticuore avvenne quando il prete che celebrava la messa avanzò verso la balaustra dell'altar maggiore dove eravamo inginocchiati e ci poggiò sulla lingua l'ostia che era il corpo di Gesú. Dovevamo stare molto attenti (cosí ci era stato detto) a non toccarla con i denti perché era un peccato grave. Perciò io la schiacciai sul palato dove mi restò attaccata e dovetti faticare col cuore in gola per staccarla e finalmente inghiottirla.

La festa finí con il vescovo che ci cresimò con l'olio benedetto e ci baciò uno per uno, poi la colazione nel refettorio con una tazza di cioccolato e biscotti. Mamma e papà vennero a prendermi e all'una andammo a mangiare al ristorante *Il Gobbo* la zuppa di pesce e il dolce e anche quello fu un avvenimento. Mi regalarono un orologio d'oro da polso. Ormai mi sentivo grande. Quell'orologio era di marca Omega e l'ho tenuto fino a ventisei anni quando si è rotto.

Dicevo della confessione. Da allora ne ho fatte molte perché mia madre mi faceva comunicare ogni primo venerdí del mese e alla messa della domenica. Queste pratiche durarono fino ai miei dodici anni. Allora i cattivi pensieri mi erano venuti e la prima volta che dovetti confessarli ero molto turbato. Il confessore mi disse che era un peccato mortale e faceva anche male alla salute. Mi dette una penitenza di molte *Ave Maria* e *Padre nostro* da recitare in ginocchio prima di andare a dormire, per una settimana e «non farlo piú sennò c'è l'Inferno». Però, a penitenza fatta, i cattivi pensieri tornarono; per un po' resistetti alla tentazione ma poi di nuovo e mi confessai.

A quattordici anni la mia fede entrò in crisi. A quindici, dopo aver studiato Cartesio, la fede cadde del tutto e di confessione e comunione non ne feci piú, con grande dolore di mia madre.

Ero entrato nella stagione dell'adolescenza e avevo incontrato Atena come dicevamo con Italo. Dopo un po' incontrai anche qualche vera donna, ma l'amore no, a quell'epoca arrivava piú tardi.

Noi fummo precocemente adulti nell'intelletto ma ancora bambini nei sentimenti. Adesso è tutto molto cambiato.

La nostra è una specie in continuo viaggio, una specie desiderante che vuole desiderare e una specie consapevole dei suoi limiti. Di conseguenza, una specie trasgressiva, visto che la trasgressione è connaturata col viaggio, col desiderio e con la consapevolezza dei limiti, cioè della morte e della vita.

Metto la morte prima della vita perché è la morte

che dà senso alla vita. Se fossimo immortali la vita non avrebbe alcun senso. Quando Calipso offre a Odisseo l'immortalità purché resti con lei nell'isola Ogigia, lui rifiuta e la ragione è che non vuole perdere il senso della vita.

Guardate con attenzione la natura delle divinità olimpiche. Sono in tutto simili agli uomini che le hanno inventate, hanno le loro stesse passioni: il desiderio, la vendetta, il piacere. Ma sono immortali. Ognuna di quelle divinità rappresenta un elemento della natura o un bisogno primario: Zeus i cieli e le loro tempeste, Poseidon il mare, Eolo i venti, Ade il mondo dei morti, Efesto i vulcani e il fuoco sotterraneo, Atena l'intelligenza, Afrodite il piacere, Apollo il canto e la profezia, Ares la guerra e la forza, Ermes la doppiezza, Artemide la luna e la caccia, Demetra le messi e i frutti della terra.

Quest'architettura molteplice trattiene ogni divinità nel campo che le è stato assegnato, con i poteri che le competono. L'immortalità è il privilegio cui gli uomini aspirano, ma è anche una condanna alla ripetitività. Una ripetitività senza fine e senza senso che ricorda gli istinti degli animali che si ripetono anch'essi senza fine, e senza mutamento.

Gli Olimpici sono molto piú potenti degli uomini ma piú simili agli animali, spicchi d'un arancio tenuti insieme dalla buccia e la buccia è il Fato, che tutti li sovrasta e ai cui rescritti ciascuno di loro deve conformarsi.

Il Fato non è una divinità ma una forza misteriosa, non ha una genealogia ma governa i destini degli uomini.

Un'altra entità senza volto è Pan. Rappresenta il tutto ma è una figura senza alcun potere, non interferisce con il Fato né con le Parche che tessono e recidono il filo della vita. Non interferisce neppure con i comandi di Zeus. Pan è un'invenzione poetica, un'immagine, il Tutto, attraverso la quale l'io di ciascun uomo vede il mondo, il diverso da sé entificato nella sua totalità.

Tutta questa costruzione che sembra insensata esprime invece un senso: popola l'intera natura di divinità. C'è un dio per ogni fiume, per ogni grotta, per ogni monte, per ogni città, per ogni isola. Il politeismo ellenico è un modo di esprimere l'immanenza attraverso la molteplicità delle trascendenze.

I frammenti di quel divino non hanno storia, sono immobili; il senso sta nel loro insieme al di fuori del quale c'è l'uomo e la sua storia, le sue passioni ed anche il suo destino e la morte che va guadagnata.

Poiché la fantasia è uno dei tratti di cui siamo dotati, l'uomo ha inventato anche alcune figure-simbolo della trasgressione che ci caratterizza, a cominciare da Prometeo che scopre il fuoco e lo rivela agli uomini, da Icaro che utilizza le ali fabbricate dal padre e vola con esse verso il Sole precipitando in mare quando i raggi di fuoco sciolgono la cera che teneva insieme le penne dell'aquila che Dedalo aveva trasformato in ali per l'uomo.

Un altro esempio di trasgressione è ancora una volta Odisseo che varca le Colonne d'Ercole, poste affinché «l'uom piú oltre non si metta».

Ercole è l'eroe che incarna la trasgressione e la trasforma nel mito perché le sue dodici fatiche rappresentano altrettanti varchi aperti dall'eroe per sorpassare il limite, ma anche per abbattere i mostri che insidiano la vita degli uomini e la loro ragione.

Del resto non è lui il solo eroe e semi-dio che supera il limite e uccide i mostri che terrorizzano la fantasia delle popolazioni. Un altro è Teseo che sfida il Minotauro e lo uccide violando i misteri del Labirinto e poi è con gli Argonauti alla ricerca del vello d'oro in acque misteriose.

La trasgressione ha dunque una duplice finalità: forzare i limiti imposti dalle convenzioni, abbattere i mostri che terrorizzano la mente. Il compito è cosí arduo da essere affidato ad un eroe il cui coraggio è protetto dalle divinità.

In questa visione mitica la trasgressione è dunque positiva e cara agli dèi che però l'affidano agli uomini.

Gli dèi olimpici non sono creatori, non sono loro ad aver creato il mondo e l'universo. Il politeismo greco (e romano) non si è posto il problema della creazione, ha considerato l'esistente come un dato di fatto e l'ha popolato di divinità che ne esprimono l'essenza divina. I mostri non sono loro ad averli creati. Ma perché affidano agli uomini-eroi il compito di distruggerli?

Non dimentichiamo che tutto questo meraviglioso teatro mitologico sono gli uomini ad averlo creato con la loro collettiva fantasia guidata dal bisogno di liberarsi dalle loro paure e dal desiderio di «andare oltre», cioè di trascendersi.

La trasgressione fa parte di questo universo mentale, rappresenta l'aspetto dinamico della nostra natura, la passione della conoscenza, l'esplorazione del mistero, la speranza di saper rispondere a tutti i perché.

Ricordate la stagione dei vostri perché e quella dei vostri figli e nipoti?

Arriva di solito tra i sei e i sette anni di età. Tutti i bambini l'hanno sperimentata, segno che corrisponde ad un bisogno della specie. Quei perché si susseguono senza interruzione, un martellamento che lascia l'adulto senza fiato: perché perché perché?

Il bambino, partendo da una qualsiasi curiosità o da un incontro occasionale con la realtà, vuole percorrere la catena delle cause che hanno prodotto il fenomeno che ha sotto gli occhi fino ad arrivare alla causa prima. E non si accontenta e perseguita l'adulto con la sua piccola e adorabile voce e gli occhi fissi dentro ai vostri per strapparvi la verità che voi dovreste conoscere e lui non ancora, spinto dall'urgenza di sapere.

Quell'urgenza è fisiologica per l'infanzia, l'accompagna fino all'inizio dell'adolescenza. Le mappe cerebrali sono ancora semivuote di informazioni e reclamano di esser riempite. Ma poi i perché non saranno piú rivolti agli adulti, subentrerà l'orgogliosa autonomia dell'io e comincerà il viaggio dentro se stessi. Non diminuisce, anzi si accresce il bisogno di conoscenza, ma cambia lo strumento, il modo di usarlo e il destinatario delle domande. Resta inesausto il «perché» e non esauriente la risposta ottenuta.

Quel perché esprime un desiderio di assoluto che plachi l'insicurezza del vivere. Lí è la radice del sentimento religioso, alimentato anch'esso dall'istinto di sopravvivenza che ancora una volta plasma la nostra vita.

Nell'età piú adulta il bisogno di informazioni si canalizza su un tema specifico, cessa di coprire l'universalità delle zone inesplorate. Si specializza, cede alle necessità professionali della divisione del lavoro e la mente si accontenta e accantona le domande ultime. Le accantona, ma non le cancella. Esse risorgono tutte le volte che il nostro sguardo si solleva verso il cielo stellato.

Quelli che non si accontentano hanno fatto della conoscenza la passione dominante del proprio vissuto. Sognano di viaggiare sulla nave degli Argonauti, di volare con ali di Icaro verso il Sole, di uccidere la Gorgone e Argo dai cento occhi, di decifrare i misteri della termodinamica, dell'entropia, delle particelle elementari e del Big Bang. Ma riflettono anche su se stessi e si scoprono di volta in volta dottor Jekyll e mister Hyde, Faust e Mefistofele, Edipo figlio e Edipo marito e Amleto, un po' folle e un po' saggio, che dissipa la propria saggezza e rivolge contro se stesso la propria follia.

La conoscenza non è un'opzione ma una necessità che implica la trasgressione. Ci vuole una buona dose di coraggio per trasgredire e ci vuole una grande passione per trovare quel coraggio e per poterselo dare.

Le rose di Dafne

Dalla trasgressione alla metamorfosi il passo è breve: la trasgressione che forza i limiti comporta il rischio di cambiare la forma del trasgressore trasformandolo in una creatura diversa da quella originaria. Diversità mentale che potrebbe perfino dar luogo ad una diversità fisica. E questa è la metamorfosi.

L'essere di ogni creatura è un dato che coincide con l'esistente. La metamorfosi avviene con il cambiamento dell'esistente e si muove in due diverse direzioni: ravvicinando l'uomo allo stadio animalesco da cui proviene o immaginando un superuomo collocato al di là e al di sopra dell'uomo. Si tratta in ciascuno dei due casi di un profondo mutamento dell'io.

La regressione verso l'animale è piú facile da immaginare perché si verifica tutte le volte che l'io si rattrappisce, perde una parte delle sue facoltà a causa di degenerazioni fisiche che aggrediscono il cervello oppure per una regressione culturale che coinvolga una società e la maggior parte dei suoi membri.

Sappiamo bene che cosa sia la degenerazione dell'io proveniente da malattie mentali. Piú difficile è diagnosticare una regressione culturale e sociale. Una società regredisce quando si schiaccia sul presente, quando vive attimo per attimo, quando l'amore per sé diviene talmente forte ed esclusivo da annullare l'amore per gli altri riducendo a puro egoismo ogni atto della propria vita. Quando questo fenomeno avviene, su base individuale o peggio ancora con dimensioni collettive, l'emergere della dimensione animalesca risulta pienamente evidente ed è legittimo affermare che sia in corso un vero e proprio mutamento antropologico, cioè una metamorfosi.

Diverso è immaginare un'evoluzione che collochi l'uomo futuro al di là e al di sopra dell'uomo attuale. Anche in questo caso è in questione l'io. Si può fantasticare su un super-io come risultato di una straordinaria volontà di potenza che veda nel futuro piú lontano e sia in grado di affascinare i suoi simili aggiogandoli alla propria utopia e riconoscendolo come capo e guida. Una società elitaria di arconti che prepara il miglior destino possibile per gli uomini semplici che abbiano fiducia in loro e deleghino ad essi le decisioni.

Questa fu l'utopia platonica d'una Repubblica guidata dai filosofi, i quali vivevano in comunità tra loro e governavano lo Stato. Ma questa è anche la società delle api di Mandeville, dove la divisione del lavoro colloca alla base le api operaie e al vertice la regina che provvede a perpetuare la specie.

Il superuomo nicciano in una prima approssimazione accoglie alcuni tratti delineati da Platone e sembra anche lui sedotto da quella visione. La visione d'una società aristocratica radicalizzata al massimo grado, fondata su una casta di ottimati dotati d'una mente piú evoluta e di poteri adeguati a realizzare il bene comune da loro immaginato. In fondo non era stata questa l'esperienza di Atene durante il principato di Pericle? Non era stata questa la Repubblica senatoria di Roma? E il Senato di Venezia? E l'idealizzazione dei Pari d'Inghilterra come Camera alta che guidasse la nazione nella costruzione del suo impero?

Si tratta però in tutti questi casi storicamente verificatisi, di evoluzioni (o involuzioni) politiche che nell'ideale platonico introdussero una mutazione della classe dirigente. Qualche cosa di analogo fu il mandarinato cinese che ebbe come fondamento una propria lingua usata come lingua ufficiale degli atti di governo e di lingua parlata dalla classe che a quel governo era deputata.

Nietzsche immaginò invece il superuomo come una vera e propria metamorfosi, una rivoluzione di valori nuovi, una persona, anzi un gruppo di persone che plasmasse su quei valori un modo nuovo di vivere e di sentire, la realizzazione sociale della volontà di potenza che è presente in tutti gli uomini come elemento della loro affermazione nel mondo, ma lievita in alcuni fino a renderli capaci di «trasvalutare» i valori.

Quest'immaginazione culturale ebbe notevole fortuna nell'Europa della Décadence nel trentennio a cavallo tra il diciannovesimo e il ventesimo secolo e fu utilizzata dai fascismi che dilagarono tra le due guerre. Ma Nietzsche, che indubbiamente aveva forzato l'istinto di volontà di potenza fino a quel punto, aveva nella fase matura del suo pensiero capovolto completamente la sua ottica morale e la sua immagine del superuomo.

Il vero superuomo diventò nel suo pensiero un «al di là dell'uomo», un uomo che voleva conoscere e amare le cose, intendendo per «cosa» tutto ciò che è esterno rispetto all'io. Amare l'oggetto e non il soggetto. Ma per conoscere l'oggetto bisogna potervi entrare. E per entrarvi senza violentarlo e distruggerlo, bisogna scordarsi di sé, passare – come aveva predicato il Vangelo a proposito dei ricchi – attraverso la cruna d'un ago. Quindi e infine, bisogna smantellare l'io.

Questa fu l'ultima grande «stazione» del pensiero nicciano: l'uomo al di là dell'uomo sarebbe stato quello capace di smantellare l'io per poter comprendere e amare le cose, a cominciare dagli altri uomini. Il contrario dell'egolatria dell'amore di sé, un'epifania dell'amore per gli altri. Non è una metamorfosi per chi riesce a raggiungere questo stadio della propria evoluzione?

Dunque la metamorfosi riguarda l'io, ma a questa conclusione non ci arrivò per prima la filosofia. Ci arrivò la poesia ed anche il romanzo, quello di Apuleio e di Petronio. Il capolavoro lo scrisse Ovidio che l'ha descritta e raccontata in tutte le sue forme ed ha anche individuato la divinità che ne rappresenta l'essenza: Proteo, che cambia aspetto tutte le volte che per sopravvivere deve sfuggire ad un pericolo.

Ma la metamorfosi non avviene soltanto per sottrarsi ad un pericolo; avviene anche, anzi soprattutto, per procurarsi un piacere. L'esempio piú eloquente ce lo dà ancora una volta la mitologia raccontandoci gli amori di Zeus.

Il dio del cielo e del fulmine non potrebbe accoppiarsi con donne mortali mostrando la propria sconvolgente sembianza, la propria accecante e folgorante essenza. Perciò si trasforma in continuazione per appagare i desideri che Eros suscita dentro la sua divina natura.

Le sue trasformazioni sono innumerevoli: toro, cigno, serpente, pioggia dorata, aquila. In realtà non si tratta di vere metamorfosi ma di maschere provvisorie che non alterano la natura del dio ed avvengono per suo comando.

La metamorfosi invece incide sulla natura del soggetto che la subisce. Può riguardare la sua fisicità o la sua mente. O tutte e due. L'esempio poeticamente piú affascinante racconta il desiderio di Apollo per Dafne, la ninfa figlia del dio dei fiumi, Peneo, che per sfuggirgli invoca il padre che la trasforma in un albero di lauro.

Dafne, che voleva difendersi dalla violenza di Apollo, a quel punto è atterrita da quanto sente accadere dentro di sé, nel suo aspetto e nella sua natura, e cerca di eccitare la brama del dio. Lo rimprovera di essersi arreso troppo presto, di non aver opposto il suo desiderio alla metamorfosi con la quale il padre ha voluto proteggere la sua integrità. Ma il dio nulla può fare.

Una delle piú belle poesie dell'*Alcyone* dannunziano racconta l'inseguimento di Apollo che raggiunge infine la ninfa e sta per possederla, ma lei lancia un grido e il padre la sente e la trasforma.

L'ode si chiude con Apollo che in segno d'amore dorme sotto l'albero, mentre durante la notte sui rami fioriscono le rose. S'intitola *L'oleandro*. L'autore fu, tra i moderni, uno dei piú dominati dall'istinto erotico. A volte la poesia riscattò quell'istinto, piú spesso l'istinto lo travolse e ne piegò la mente avvilendone anche il talento artistico, diventato ripetitiva maniera.

Il rapporto tra D'Annunzio e l'eros è stato un caso di scuola. Vale la pena di rileggere quei bellissimi versi che descrivono il miracolo della metamorfosi.

«Tenera e nuda il dio la piega, e sente
ch'ella resiste come se combatta.
Tenera cede il seno; ma dal ventre
in giuso, quasi fosse radicata,
ella sta rigida ed immota in terra.
Attonito l'amante la disserra.
"Ahi lassa, Dafne, ch'arbore sei fatta!"

Subitamente Dafne s'impaura:
le copre il volto e il seno un pallor verde.
Ella sembra cader, ma la giuntura
dei ginocchi riman dura ed inerte.
S'agita invano. L'atto della fuga
invan le torce il fianco. Si disperde
il senso di sua vita nella terra.
E l'amante deluso ancor la serra.
"Ahi lassa, Dafne, chi ti trasfigura?"

Ma non il suo melodioso duolo
giova a trarre colei dalla sua sorte.
Nell'umidore del selvaggio suolo
i piedi farsi radiche contorte
ella sente e da lor sorgere un tronco
che le gambe su su fino alle cosce
include e della pelle scorza fa
e dov'è il fiore di verginità
un nodo inviolabile compone.

"O Apollo" geme tal novo dolore
"prendimi! Dov'è dunque il tuo desio?
O Febo, non sei tu figlio di Giove?
Arco-d'-argento, non sei dunque un dio?
Prendimi, strappami alla terra atroce
che mi si prende e beve il sangue mio!
Tutto furente m'hai perseguitata
ed or piú non mi vuoi? Me sciagurata!
Salva mio grembo per lo tuo desio!

Salvami, Cintio, per la tua pietà!
Se i miei capelli, che m'avvinsero, ami,
de' miei capelli corda all'arco fa!
Prendimi, Apollo!" E tendegli le mani,
che son fogliute; e il verde sale; e già
le braccia sino ai cubiti son rami;
e il verde e il bruno salgon per la pelle
e su per l'ombelico alle mammelle
già il duro tronco arriva; e i lai son vani.

"Aita, aita! Il cuore mi si serra.
Vedi atra scorza che il petto m'opprime!
O Apollo Febo, strappami da terra!
Tanto furente, non sai piú ghermire?
Nuda mi prenderai su la dolce erba,
su la dolce erba e su 'l mio dolce crine.
Ardo di te come tu di me ardi.
O Apollo, o re Apollo, perché tardi?
Già tutta quanta sentomi inverdire".

Il dolce crine è già novella fronda
intorno al viso che si trascolora.
La figlia di Peneo non è piú bionda;
non è piú ninfa e non è lauro ancora.
Sola è rossa la bocca gemebonda
che del novello aroma s'insapora.
Escon parole e lacrime odorate
dall'ultima doglianza. O fior d'estate,
prima rosa del lauro che s'infiora!
[...]
Poi tutto tace e sta. Sotto i profondi
cieli le rive alto silenzio tiene.
Il bellissimo lauro è senza pianto;
il dolore del dio s'inalza in canto.
Odono i monti e le valli serene.

Odono i monti e le valli e le selve
e i fonti e i fiumi e l'isole del mare.
[...]
Scorre la notte. Tra l'Olimpo e l'Ossa
una stella tramonta e l'altra sale.
Misteriosa l'arbore s'arrossa [...]
Brilla di rose il lauro trionfale! »

Non è possibile parlare di metamorfosi senza ricordare una delle piú significative opere di Kafka, che ha appunto quel titolo e come protagonista Gregor Samsa, che si sveglia una mattina nel suo letto e si rende conto d'essersi trasformato in un insetto di inusitate dimensioni.

Ricordo questo sconvolgente racconto per attirare l'attenzione su quello che a me sembra l'essenza d'un capolavoro. L'insetto conserva inalterata la sua mente umana, la logica e i sentimenti umani e le sue angosce imprigionate in una fisicità orrenda, ripugnante e impropria ad ospitare la mente d'un uomo.

Nel frattempo i familiari che sono accorsi a quel terribile e impensabile fenomeno che sta dinanzi ai loro occhi si chiudono in sé atterriti e man mano che il tempo passa si abituano a conviverci fino al punto di identificarsi mentalmente con l'insetto.

L'insetto conserva mente umana, gli uomini e le donne accorsi conservano la loro fisicità, ma smarriscono la mente e regrediscono all'animalità.

La passione del Nazareno

Fatte tutte le debite differenze, esiste una parentela mentale tra la metamorfosi e la metempsicosi. Secondo questa credenza, l'anima immortale sosta, dopo la morte del corpo in cui era contenuta, in un luogo senza tempo, una sorta di limbo sospeso, per poi reincarnarsi in un'altra forma la cui «nobiltà» dipende dalla qualità del precedente vissuto di quell'anima.

Questa credenza fa parte di alcune religioni, soprattutto orientali, e di alcune filosofie. La metamorfosi invece non è una credenza religiosa ma un'ipotesi culturale che ebbe la sua origine nei miti. Si tratta dunque di differenze profonde. La parentela culturale è però altrettanto profonda: si tratta infatti, sia per la metamorfosi sia per la metempsicosi, della messa in discussione dell'io che in entrambi i casi cambia natura. Ma, se cambia natura, la continuità del racconto si spezza, non esiste alcuna unità nel soggetto, l'albero di alloro non ha nulla a che vedere con la ninfa Dafne e l'anima d'un peccatore che si reincarna in un animale a causa dei peccati commessi in una precedente vita non è piú un'anima perché non ha piú i sentimenti che si attribuiscono di solito all'anima umana. Non è piú anima ma soltanto istinto vitale, troppo poco per chi parte dal presupposto religioso di un'anima immortale.

Per spiegare il fiorire di questa credenza religiosa come pure la creazione del mito metamorfico, resta l'insofferenza del sé nel sentirsi chiuso nella gabbia dell'io. Cioè nel principio di identità. Il sé, la regione inconscia degli istinti, non si riconosce nella gabbia dell'identità. Recalcitra a rivestirsi di quella corazza, non vuole – anzi non può – indossare il cimiero dell'io, sente inconsciamente quei paramenti come una sorta di prigione.

Da qui, nella psicologia del profondo, si crea una contraddizione. Una lacerazione che si manifesta come disagio psichico: come può il nostro inconscio istintuale ribellarsi all'identità che l'io consapevolmente rappresenta, se l'istinto fondamentale è quello della sopravvivenza dal quale si sprigiona l'amore egoistico del proprio io? Com'è possibile che il sé soffra un disagio mentre alimenta l'identità che l'io rappresenta ed esprime?

Certo è che la spinta al cambiamento convive con il bisogno primario di costruire l'identità. Se pensate che la storia della vita biologica cominciò con un essere unicellulare, con un batterio, con la combinazione chimica di alcune sostanze e di alcuni gas, per arrivare attraverso miliardi di anni a forme estremamente sofisticate sia nel mondo vegetale sia in quello animale; se pensate che questa capacità evolutiva s'identifica con la forza vitale, coincide con il principio del divenire che la nostra mente ha elaborato e che è al tempo stesso un istinto e un concetto; se pensate al nostro empito di trascenderci; se pensate a tutto questo brulicare dentro di noi e al bisogno di liberazione e di movimento psichico ma al tempo stesso a quello di poter dare un nome a noi stessi, di distinguerci dai nostri simili, di avere una nostra memoria che colleghi l'uno all'altro i momenti della nostra vita accumulandoli sotto l'insegna dell'identità; se infine pensate che questo bisogno di individuazione si verifica non soltanto nella specie umana ma anche nelle specie che nulla sanno del proprio io – che in loro è inesistente – e tuttavia si preservano perché la natura ha stabilito l'impossibilità di procreare al di fuori di quella forma, tramandando cosí il cavallo, il gatto, la lumaca, l'avvoltoio, lo squalo, il serpente, l'uomo e fissandone l'identità di specie come legge di natura. Ebbene, se tutto questo avete pensato, la conclusione è che dobbiamo vedere molto piú da presso la natura di quella contraddizione tra spinta al cambiamento e bisogno di identità.

Non dimentichiamo tuttavia che questa ricerca riguarda la zona del sé, la zona dell'inconscio, dove non vale la logica e tanto meno il principio di contraddizione. Sono gli istinti la materia di questa ricerca, il tessuto psichico, quanto mai sfuggente agli strumenti razionali usati dalla mente.

Io credo che per capire quanto accade nel profondo di noi dobbiamo mettere a fuoco quella figura psichica che Freud chiamò super-io e che definí il guardiano degli istinti. Un guardiano che si colloca all'esterno della zona inconscia, nella regione della razionalità dove regna la mente, sia pure condizionata dall'irruenza dei sentimenti istintuali.

Il guardiano degli istinti svolge la sua funzione per conto della società. Se gli istinti vitali e animali non incontrano un limite, la società non può nascere o – se è nata – si sfascerà. Essa si regge su un sistema di regole, di valori etici e religiosi che vincolano la promessa della salvezza (qualunque cosa si intenda con questa parola) all'amore dell'individuo verso gli altri, tenendo a freno gli eccessi dell'amore egoistico verso se stessi.

Il super-io è dunque quella parte della psiche che è indotta a riflettere su se stessa e a limitare l'irruenza degli istinti, i quali sentono e soffrono quel limite e cercano di liberarsene.

Descrivere questi meccanismi psicologici non è poi tanto difficile se ciascuno si ascolta, se intraprende un viaggio all'interno del sé. Ma resta una domanda che non è di poco conto: come può il guardiano degli istinti resistere alla loro pressione, quella che abbiamo chiamato la loro irruenza?

Gli istinti sono le forze primarie, generano i desideri. Come può arginarli il loro guardiano? Di quali cancelli, di quali sbarre, di quali muraglie dispone?

Questa domanda Sigmund Freud se la pose nel *Disagio nella civiltà* e in molti altri suoi scritti, ma se la sono posta anche filosofi e artisti che l'hanno elaborata e raccontata ciascuno a suo modo. Direi che è la madre di tutte le domande che l'anima si fa quando esplora se stessa.

Aggiungo: la storia del romanzo altro non è che il racconto del conflitto tra gli istinti e il loro supposto guardiano, la cui funzione di solito non raggiunge alcun risultato poiché la sproporzione tra la potenza degli istinti e la fralezza dei limiti con i quali si cerca di moderarli è enorme.

Eppure la società civile esiste, esiste lo Stato, esistono le religioni, esiste il peccato ed esiste il reato. Questi aspetti della vita sociale reggono in varie forme, gli istinti non li hanno travolti anche se la trasgressione criminale, il delitto, la crudeltà, la violenza, la perversione, filtrano ampiamente tra le barriere che difendono le strutture della società. Filtra soprattutto la costante pressione e il costante disagio contro l'istituzionalità.

E allora? Il guardiano degli istinti è piú forte di quanto non sembri? Una convivenza tra queste due figure psichiche cosí profondamente antitetiche è possibile?

Forse il super-io non è una figura psichica collocata a ridosso della razionalità; tanto meno è il mandatario della società che vuole moderare gli istinti perché se cosí fosse, non reggerebbe neppure un attimo. Forse non è un guardiano che dall'esterno vigili sulla fossa oscura dell'inconscio.

Questo dubbio ha piú volte sfiorato chi ha analizzato la psicologia del profondo senza tuttavia arrivare ad un esito e ad un chiarimento soddisfacente.

Secondo me quello che Freud ha chiamato super-io sta all'interno dell'«es» e non fuori perché è anch'esso un istinto e ne possiede la stessa forza e la stessa irruenza.

Quello che Freud chiama super-io non è che l'istinto di sopravvivenza della specie, cioè l'amore per gli altri che – come l'amore di sé – alberga in ciascuno di noi e si affianca all'egoismo, gli contende lo spazio psichico, agisce insieme ad esso e in contrasto con esso sulla volontà che comanda i comportamenti.

L'uomo che si getta in mare per trarre in salvo una persona a lui sconosciuta, la donna che mette a rischio la sua vita per assicurarla al bimbo che sta per nascere, il pompiere che avanza tra le fiamme dell'incendio per farne uscire chi vi è rimasto imprigionato, sono comportamenti istintivi compiuti sotto la spinta dell'amore per gli altri, come è istintivo l'atto di valore di quelli che rischiano la vita o la propria libertà per testimoniare un ideale.

Citiamo questi atti estremi per meglio comprendere fino a che punto l'amore per gli altri può arrivare scacciando l'egoismo dalla coscienza. Allo stesso modo, in altre circostanze o in altre persone, l'egoismo può cancellare ogni traccia di solidarietà e di fraternità verso il prossimo. Ma nel corso della vita quei due istinti convivono moderandosi a vicenda e quella è la figura mitica del centauro, per metà bestia e per metà uomo, che meglio d'ogni altra esprime l'essenza della nostra specie, le sue contraddizioni, la sua perenne dialettica tra i due elementi che la compongono.

Un centauro fu il maestro di Achille, lo educò all'arte implacabile della guerra, ma anche ai sentimenti dell'amore e della pietà. Achille visse una breve ed eroica vita in perenne conflitto tra quei due elementi che si scontrarono dentro di lui, come avviene in ciascuno di noi, quale che sia la nostra età e la nostra condizione. Trionfò l'elemento della forza e della vendetta quando uccise Ettore e lo trascinò aggiogato al suo carro da guerra attorno alle mura di Ilio, e il secondo quando il dolore per la morte dell'amico Patroclo gli invase l'anima. E poi la pietà, quando pianse insieme al vecchio Priamo che era andato a chiedergli la restituzione del cadavere del figlio Ettore.

Anche Achille è un caso estremo, inventato dalla poesia che spesso precede le analisi della ragione.

La metamorfosi che mette l'io in discussione può spingere il centauro che noi siamo a regredire verso la sua parte animalesca. Quando questa regressione avviene, il nostro io s'impoverisce e si rattrappisce perché una sostanza preziosa smarrisce il senso della fraternità e della pietà, non vede piú dentro di sé, dimentica il suo passato e non è piú in grado di progettare l'avvenire. È un'umanità rachitica quella che consuma la sua esistenza attimo dopo attimo, dominata dalle emozioni e dalla solitudine, disperata in mezzo ai piaceri del *carpe diem* e alla ferocia che inevitabilmente accompagna l'avarizia di sé.

La figura psichica affetta da rachitismo spirituale è quasi sempre inconsapevole della regressione avvenuta dentro di sé e incapace di risalire la china in assenza d'un trauma che ne scuota profondamente l'intimità.

Ma l'io può modificarsi anche nella direzione opposta, attenuando fin quasi a cancellarlo l'elemento animalesco che è inerente alla nostra umana radice. In quale modo avviene questo mutamento?

A me sembra impossibile che si verifichi razionalmente. La ragione è preziosa per raccontare e soprattutto per raccontare l'evoluzione dei nostri istinti, ma non può determinarla. La ragione razionalizza a posteriori, mai prima. Se prima non cambia il sé è impensabile che l'io possa cambiarlo.

Piú che mai, per rispondere ad una domanda cosí impegnativa, bisogna ricorrere ad un caso estremo, il piú estremo del quale la cultura occidentale disponga: quello di Gesú di Nazareth. Un uomo che ad un certo punto della sua vita, dopo essersi largamente esaminato in completa solitudine, dopo aver evocato il Tentatore per poter saggiare la propria resistenza alle sue lusinghe, comincia ad avvertire dentro di sé un mutamento sempre piú profondo e sempre piú sconvolgente: la sensazione che il suo corpo, la sua carne, siano la custodia d'un'anima divina che abbia relazione diretta con il Signore del cielo e della terra ed anzi che derivi direttamente da lui. E poiché il Signore del cielo e della terra è un padre e gli uomini sono tutti figli da lui creati a sua immagine e somiglianza, la sua sensazione si trasforma in una certezza: il Signore è il Padre e lui, Gesú della stirpe di David, è il figlio. Ma un figlio come tutti gli altri, cresciuti nella fede della Scrittura, discendenti di Abramo, educati al rispetto e all'obbedienza delle tavole mosaiche e dei comandamenti ivi contenuti? Oppure il Figlio che è tutt'uno con la sostanza divina del Padre, il Padre che ha deciso di umanizzarsi per darsi carico dei peccati del mondo e nella sua immensa misericordia vuole vivere accanto a loro, in mezzo a loro, condividendone la natura, la loro fragilità, le loro paure, illuminate dall'interno dal fascio di luce divina e immortale? Il Padre si è umanizzato attraverso il Figlio che nel momento in cui si manifesta diventa l'intermediario esclusivo che indica agli uomini la via della salvezza.

Gesú sente nascere e crescere questa inaudita e impensabile consapevolezza della propria natura divina, ma esita a rivelarla. Lo chiede invece di affermarlo. Lo chiede ai discepoli che hanno cominciato a radunarsi intorno a lui: «Chi credete che io sia?», lo chiede ripetutamente e in diverse circostanze e dai discepoli arrivano risposte disparate. Tutte però convergenti nel riconoscere in lui una natura misteriosa, una potenza che trascende la condizione umana. Della potenza, del resto, ha già dato alcuni segnali miracolosi e taumaturgici.

Intanto si configura nelle parole del Maestro una nuova morale, interamente fondata – ecco il punto – sull'amore per gli altri.

Per tutti gli altri, per le donne come per gli uomini, per i malati, per i poveri, ma anche per i ricchi se condivideranno con i poveri i doni dei quali il Signore li ha dotati e doneranno almeno metà del loro mantello per poter passare attraverso la cruna di quell'ago che è la soglia del regno delle beatitudini.

Questo è uno dei possibili racconti di questo caso estremo che ha Gesú come protagonista e come documenti testimoniali tutti i Vangeli con molte variazioni tra loro ma convergenti nella sostanza. E gli Atti degli apostoli, le lettere di Paolo, la predicazione di Pietro e quella di Giovanni e l'intero corpo della Scrittura, arricchito da una letteratura patristica che si prolungherà per almeno quattro secoli, si perfezionerà e si selezionerà attraverso i Concili ed infine comincerà a trasformarsi da materia fluida e orale in sapere dogmatico e in tradizione consolidata che illustrerà il dogma e ne amplierà l'efficacia pastorale nelle diverse nazioni dell'orbe cristiana ed anche nel deposito delle religioni preesistenti per quel tanto che potrà essere metabolizzato dalla nuova Chiesa.

Ma non è questo il solo racconto possibile. Anzi, agli occhi dei credenti e della Chiesa questo racconto è fuorviante, falso, eretico. Condannevole e condannato.

Il vero racconto, ortodosso, si basa sui medesimi documenti che del resto sono i soli dei quali si disponga. Ed è completamente diverso. Non è Gesú, figlio d'un giovane falegname e d'una giovanissima ragazza, a rendersi conto di una sua interna vocazione e potenza traendone la convinzione d'essere il Figlio di Dio, ma è il Figlio di Dio ad umanizzarsi per recuperare l'antica alleanza, deturpata e rotta dal peccato originale. Gesú non fa nessuna scoperta dentro di sé poiché sa da subito, dal momento stesso in cui l'angelo dà l'annuncio a Maria e il sacro embrione si forma nell'utero della vergine, che quell'embrione contiene l'essenza divina del Cristo.

Cristo assume la forma dell'embrione umano perché questa è la volontà del Padre e la sua. Cristo si identifica con l'io umano chiamato Gesú e Gesú sa di essere Cristo.

Cristo modula la sua esistenza umana sulle categorie umane dello spazio e del tempo e sui sentimenti umani della bontà, del perdono, dell'amore e poiché conosce la potenza che gli istinti hanno sull'animo degli uomini, lascia operare nell'umano di Gesú soltanto l'istinto dell'amore per gli altri cancellando – questo è il vero miracolo che compie – dall'umano di Gesú l'amore per sé ed anche l'amore per l'altro.

Nell'umano di Gesú resta operante un solo istinto: quello dell'*agape*, la carità, l'identificazione dell'io con il prossimo. Il sacrificio dell'io al «noi» del prossimo.

La Nuova Scrittura definisce «passione» il percorso fisico del martirio, dal momento dell'arresto nel Getsemani fino a quello della morte sulla croce. La liturgia della Chiesa chiama «stazioni della passione» le varie fasi di questo percorso che dura un giorno e una notte. Il senso di quella parola, che Paolo traduce dall'aramaico in greco, è quello del patire ma anche quello di appassionarsi. Gesú, cioè il Cristo umanizzato, è appassionato della propria sofferenza, è venuto apposta in mezzo agli uomini e ne ha assunto il sembiante allo scopo di soffrire per loro e non potrebbe veramente soffrire se, oltre al sembiante, non ne avesse assunto la natura. La natura fragile e perfino la natura impaurita, perfino la natura insidiata dal dubbio.

Ma quando dopo tre giorni risorgerà dal sepolcro e apparirà alle donne che l'hanno seguito in tutte le stazioni della sofferenza, l'hanno mondato dalle lordure della morte e l'hanno infine sepolto sotto una grande pietra; quando apparirà anche ai discepoli e darà loro le ultime istruzioni e l'ultimo saluto; ebbene, allora di umano avrà solo il sembiante e non piú la natura. Gesú di Nazareth è morto, Cristo è risorto. Il figlio degli uomini ha cessato di esistere, il Figlio di Dio è tornato alla destra del Padre per l'eternità.

Questo è il racconto della Chiesa. Qual è la differenza tra chi interpreta i Vangeli alla luce della fede e chi cerca anche in quei testi uno strumento per comprendere la natura profonda della psiche e delle sue figure? E qual è il punto comune di quei due racconti?

Conosco una sola persona alla quale avrei potuto porre questa domanda con la speranza di avere risposte che non fossero di pura maniera: il cardinale Carlo Maria Martini. Ed è a lui che sono ricorso per confrontare con i suoi i miei pensieri e i miei sentimenti.

L'ho incontrato tre volte, nella casa dei gesuiti di Gallarate dove si è da tempo ritirato. Martini è stato per molti anni arcivescovo di Milano, una delle principali diocesi della Chiesa cattolica; fu nominato cardinale da papa Wojtyła; è uno studioso della Bibbia; ha vissuto per molti mesi a Gerusalemme quando lasciò per ragioni di età la diocesi milanese. È ammalato di Parkinson e la malattia gli dà molta sofferenza che sopporta con grande dignità e non ha inciso sulla lucidità dei suoi pensieri e sull'intensità dei suoi sentimenti.

Spero di incontrarlo ancora perché il nostro dialogo non è finito anche se abbiamo ormai trovato un punto comune: lui cerca di capire sempre meglio gli insegnamenti di Cristo, io cerco di tradurre in linguaggio moderno la predicazione di Gesú, figlio d'un artigiano di Nazareth e di sua moglie Maria, nato sotto l'impero di Ottaviano Augusto e morto sotto l'impero di Tiberio.

I Vangeli, anche quelli definiti apocrifi, le visite di Pietro, di Giovanni, di Giacomo e soprattutto di Paolo alle varie comunità cristiane in Palestina, in Siria, nelle coste della Turchia, in Grecia, in Egitto, nell'Africa mediterranea, a Roma, in Gallia; le lettere inviate a quelle comunità, i discorsi dei quali è rimasta traccia e tramandata memoria: queste sono le sole fonti di cui disponiamo e sulle quali hanno filologicamente e teologicamente lavorato studiosi, scrittori, filosofi, teologi. Ha lavorato la Chiesa, sono avvenuti scismi ed eresie, lotte asprissime, inquisizioni sanguinose. Ma anche miracoli di carità e culture di grande rilievo, arti che hanno attinto livelli eccelsi.

I non credenti si sono confrontati con gli uomini di fede per quanto riguardava l'etica, la *caritas*, il bene comune, l'eguale dignità delle persone. Il Cristianesimo in tutte le sue Chiese venera il Figlio di Dio e la sua incarnazione. I non credenti considerano come prezioso insegnamento la predicazione del giovane nazareno che radunò intorno a sé un gruppo di artigiani e di pescatori in Galilea e Tiberiade e ad essi parlò con parabole e con preghiere e racconti e fenomeni taumaturgici. Infine fu arrestato, processato e crocifisso.

I Vangeli parlano della sua resurrezione, secondo alcuni corporea, secondo altri di apparenza. I cattolici fanno di questo miracolo il fondamento della loro fede; le Chiese riformate sono piú vaghe su questo punto. I non credenti non lo prendono neppure in considerazione.

Ma non è su questioni di fede e di miracoli che mi è accaduto piú volte di parlare con credenti e con sacerdoti di alto sentire e in particolare con Carlo Maria Martini. Mi interessava confrontarmi sulle domande che ho prima indicato, sul «caso estremo» di Gesú per capire la natura profonda della psiche. Il «caso estremo» d'un uomo che si crede un dio e l'ipotesi – per molti credibile – d'un dio che si fa uomo assumendone non solo le sembianze ma anche la natura.

Il «caso estremo» non è rappresentato soltanto da Gesú, ma da molti altri che hanno dedicato l'intera loro vita all'amore del prossimo cancellando dentro di loro l'amore di sé. A cominciare da Francesco d'Assisi e da molti altri attraverso i secoli e nei contesti sociali piú differenti.

Non è questo il solo, vero miracolo che possa importarci? Al cardinal Martini ho chiesto se pensava che la fede nella vita fosse un preliminare necessario per la fede. Quando arrivai a quella domanda ci fu una pausa nella nostra conversazione. Poi rispose: «Forse sí». Restò ancora in silenzio. La voce era debole e io m'ero molto avvicinato a lui per sentirlo meglio.

Poi aggiunse: «Sí, la fede nella vita è una credenza preliminare per una solida fede in Cristo e nel Padre».

A quel punto gli ricordai che io non avevo nessun'altra fede salvo quella nella vita. «Questo lo so, – rispose, – ma è la sua fede nella vita e nell'amore che ci permette di parlare e di intenderci». Lo disse con un sussurro e proprio quel sussurro è rimasto nella mia memoria e finché avrò memoria sempre ci rimarrà.

Poi parlammo di due momenti capitali della vita di Gesú, tramandati da alcuni Vangeli.

Uno si svolge la notte stessa dell'arresto da parte dei soldati condotti da Giuda. Gesú si raccoglie e prega nell'orto del Getsemani. Pietro e Giacomo l'hanno seguito fino a quando il Maestro ha fatto cenno di voler restare solo.

Uno dei Vangeli racconta che sudò sangue mentre pregava. E la preghiera fu questa: «Padre, sia fatta la tua volontà. Ma se tu vuoi, allontana da me questo calice di sofferenza». La preghiera fu ripetuta. Poi arrivarono i soldati.

L'altro momento ha luogo quando Gesú è già crocifisso da molte ore e sta spirando. Rivolge gli occhi al cielo e sussurra: «Padre mio, perché mi hai abbandonato?», poi lancia un grido e muore.

Trovo molto significative sia le parole del Getsemani sia quelle del Golgota. Nel momento culminante del sacrificio, affrontando il quale Gesú intende accollarsi i peccati del mondo, l'io lancia il suo ultimo grido per sottrarsi al destino da lui stesso voluto.

Con quel grido la natura umana riprende il sopravvento e l'io riecheggia l'amore di sé che aveva cancellato per adempiere alla sua missione e alla sua vocazione. Nessuno riesce a soffocare un istinto, sia un dio che si è incarnato sia un uomo che ha creduto di essere un dio.

La Sonata di Beethoven

La storia del romanzo moderno, che ha inizio nella seconda metà del Seicento, acquista spessore nel Settecento illuminista e raggiunge piena maturità nell'Ottocento romantico, coincide con l'interiorità del viaggio dentro il proprio sé, esplora l'inconscio e i comportamenti, le inquietudini, i drammi che essi provocano quando vengono in contatto con le convenzioni consolidate nella società.

Il romanzo è infatti la storia delle trasgressioni compiute da alcuni dei personaggi, delle punizioni decretate a loro carico e degli avanzamenti che quelle trasgressioni introducono nel costume.

La critica letteraria ha indagato a fondo sulla funzione rivelatrice del romanzo, ma non ha dato abbastanza peso ad un altro elemento: il modo della lettura, il modo della trasmissione del pensiero che racconta la realtà attraverso l'immaginazione romanzesca.

Nelle civiltà antiche la trasmissione dei miti costruiti dalla fantasia collettiva avveniva oralmente. I teatri erano il luogo deputato e la tragedia era lo strumento corale attraverso il quale quel racconto veniva comunicato agli spettatori.

La comunicazione orale lasciava ampio spazio all'invenzione degli attori e la recitazione puntava soprattutto sull'emozione che le vicende tragiche suscitavano nella platea degli spettatori.

In questo modo i miti erano testimoniati in un pubblico confronto uscendo dall'ombra misteriosa dei santuari, senza tuttavia perdere la loro fluidità, l'alone della leggenda religiosa guidata dal Fato, cioè dal destino.

Col passare dei secoli la scrittura cominciò a diffondersi, ma ancora in cerchie molto ristrette; prese piede la lettura ad alta voce e la recitazione di testi imparati a memoria. L'oralità di quelle letture restò per gran tempo il modo di apprendimento piú diffuso, sia che avvenisse in teatro o in altri spazi pubblici sia in abitazioni private tra familiari e amici. Gli eroi e gli dèi cedettero il posto ai testi religiosi, ma si leggevano anche e sempre di piú testi drammatici, poesie e racconti amorosi.

L'invenzione della stampa aprí la strada alla produzione dei libri e alla riduzione dei formati, dai rotoli di pergamena agli «in folio» e poi ai «quarti», agli «ottavi» e ai «dodicesimi». Novità tecnologiche che furono la causa d'un passaggio epocale: la lettura ad alta voce cedette il posto a quella silenziosa.

Questa vera e propria rivoluzione tenne a battesimo il romanzo e la nascita del genere saggistico che sarebbe stata impossibile senza una lettura silenziosa. Quella ad alta voce non è scomparsa e non scomparirà ancora per molto tempo, ma quella silenziosa e individuale ha ormai acquistato una preponderanza schiacciante che il nuovo linguaggio informatico ha ulteriormente esteso creando nuove forme di comunicazione che recuperano la coralità affidata però alla scrittura e non all'oralità.

Potete immaginare una lettura ad alta voce di un romanzo di Dostoevskij, di Proust, di Joyce?

Tolstoj sí, una lettura ad alta voce della *Karenina* e di *Guerra e pace* è immaginabile, come pure dei *Promessi sposi* manzoniani, ma dell'*Ulisse* e della *Recherche* e dei romanzi della Woolf, no.

Tolstoj aveva recuperato in pieno Romanticismo il genere epico, che era scomparso da secoli. Questo fu il suo genio e la sua originalità. Rivelò la psicologia dei personaggi attraverso le loro vicende. Ma se fate il confronto tra i suoi romanzi e la *Recherche* vedete una differenza di fondo tra quelle due scritture. Il viaggio narrativo dell'autore della *Recherche* racconta i pensieri, le emozioni e addirittura le pulsioni istintive di Swann, di Odette, di Oriane, di Charlus, della Verdurin, di Saint-Loup, di Albertine e di Marcel, che è l'autore ma non è l'autore, una voce narrante che agisce in proprio, personaggio tra i personaggi. Le loro vicende esterne sono minime rispetto all'analisi e all'auto-analisi che l'autore compie nel loro inconscio monologante e nel proprio.

Quanto a Joyce, il monologo interiore e il flusso di coscienza che lo esprime sulla pagina diventano addirittura uno stile letterario a sé stante che non può essere imitato poiché consegnato al prototipo nella sua unicità.

Questo tipo di romanzo è stato non solo possibile ma anche indotto dalla lettura silenziosa e individuale. In un bel saggio intitolato *L'invenzione del romanzo*, Rosamaria Loretelli ha scritto, parlando del romanzo settecentesco: «Il Settecento assiste ad un cambiamento diffuso nelle abitudini di lettura, che diviene un gesto solitario che con un colpo d'occhio apre silenziosamente all'individuo il senso di una pagina. Si sviluppa la separazione tra sfera pubblica e sfera privata, lo sviluppo del senso della "privacy" e la valutazione dell'interiorità».

Nel Settecento la valutazione dell'interiorità è ancora allo stato nascente; raggiunge la sua pienezza nel secolo successivo toccando il culmine nei primi anni del Novecento quando l'interiorità e il romanzo, la vita reale e quella immaginata dalla letteratura coincideranno con le due facce di una stessa medaglia.

Ho scritto all'inizio di queste riflessioni sugli istinti e le passioni di quale sia il nesso tra il desiderio amoroso e la musica romantica, osservando che le note in bemolle e le tonalità in minore sono le tecniche utilizzate dalla musica romantica per esprimere il sentimento melanconico che accompagna e pervade di sé il sentimento amoroso. Ho citato Chopin come uno degli autori che piú si identifica con la tonalità melanconica delle nostre passioni.

Provate ad ascoltare i Preludi, abbassate la luce nella stanza e scacciate da voi ogni pensiero perché anche il pensiero potrebbe distrarvi. Bisogna avere la mente vuota per farsi invadere dalla musica. Le parole possono descrivere la melanconia, la poesia può farvela risuonare dentro l'anima con l'incanto e il ritmo dei versi, ma solo la musica vi rapisce e i Preludi compiono questo dolcissimo rapimento.

Le Sonate e gli Studi rivelano invece un altro Chopin, quello che esprime la forma della musica allo stato puro, senza evocare sentimenti né emozioni, come accade anche con il Bach dei *Brandeburghesi*, con *L'arte della fuga* e con *Il clavicembalo ben temperato*.

La forma di un'arte appartiene al regno degli archetipi, il regno dove il pensiero contempla se stesso e le immagini categoriali. I desideri non hanno ingresso in quel regno di pura astrazione.

Il miracolo che solo alcuni musicisti sono stati in grado di effettuare è dato dall'aver saputo disegnare sul pentagramma sia la forma della musica sia il desiderio amoroso e la melanconia che spesso l'accompagna e questa è stata la grandezza di Beethoven, di Schubert, di Chopin e di Brahms.

Ci sono a questo proposito alcune pagine illuminanti nel *Doctor Faustus* di Thomas Mann. Ricorderete che il protagonista si chiama Adrian Leverkühn, un giovane musicista che inventa la musica dodecafonica e vende l'anima al diavolo per poter portare a termine il suo lavoro.

Il romanzo è una grandiosa metafora che, appoggiandosi alla profonda cultura musicale dell'autore, delinea in contrappunto il disfacimento morale della Germania nazista e il baratro in cui è caduta quella nazione che aveva dato all'Europa e al mondo grandiose personalità artistiche e filosofiche.

Ma non è per raccontare e leggere insieme questo grandioso affresco storico-letterario che ho citato *Doctor Faustus*, bensí per completare con la prosa di Thomas Mann le riflessioni sulla musica e la melanconia.

Adrian e i suoi giovani amici appassionati di musica frequentano una scuola e un singolare maestro di pianoforte che è anche un efficace commentatore del senso intimo di quell'arte. In uno degli incontri in quella scuola, il maestro di piano, il cui nome è Wendell Kretzschmar, pone ai suoi giovani allievi una domanda: «Perché Beethoven non ha aggiunto un terzo tempo alla sonata per pianoforte opera 111? Noi, – continua la voce parlante del romanzo, – noi che andammo a sentire la dissertazione sul tema proposto dal maestro, passammo una serata insolitamente proficua anche se la sonata in questione non l'avevamo mai conosciuta. La conoscemmo però quella sera perché Kretzschmar ce la fece sentire molto bene analizzandone con acuta penetrazione il contenuto spirituale e descrivendo le condizioni di vita nelle quali – insieme con due altre sonate (la 109 e la 110) – era stata composta, quando l'udito di Beethoven menomato da una consunzione incurabile, era in progressivo dissolvimento».

Thomas Mann riferisce la dissertazione sulla 111 per sei pagine che sono, secondo me, un capolavoro di interpretazione critica di quest'opera beethoveniana. Ne cito qui qualche passo particolarmente significativo.

«Il tema del secondo tempo della sonata in do minore, attraverso cento destini, cento mondi di contrasti ritmici, finisce col perdersi in altitudini vertiginose che si potrebbero chiamare trascendenti o astratte; cosí l'arte di Beethoven aveva superato se stessa; dalle regioni abitabili e tradizionali si era sollevata, davanti agli occhi sbigottiti degli uomini, a un io dolorosamente isolato nell'assoluto, escluso, a causa della sordità, dal mondo sensibile, sovrano solitario di un regno spirituale dal quale erano partiti brividi rimasti oscuri, nei cui terrificanti messaggi i contemporanei avevano saputo raccapezzarsi solo per eccezione.

[...] Kretzschmar si sedette al piano e suonò tutta la composizione, il primo e il formidabile secondo tempo, inserendovi continuamente i commenti e accompagnandola qua e là col canto dimostrativo. Si fermò per qualche minuto e cominciò il secondo tempo, "l'Adagio molto semplice e cantabile".

Il tema dell'Arietta si annuncia subito e si esprime in sedici battute richiamandosi ad un motivo che si presenta con tre sole note: una croma, una semicroma e una semiminima. La caratteristica di questo tempo è il grande distacco tra il basso e il canto, tra la mano destra e la sinistra, e c'è un momento, una situazione strana in cui sembra che quel povero motivo rimanga abbandonato e solitario sopra un abisso vertiginoso cui segue un trepido sgomento per il fatto che una cosa simile sia potuta accadere. Ma molte cose accadono prima che si arrivi in fondo e quando ci si arriva avviene alcunché d'inaspettato e commovente nella sua dolcezza e bontà. Il ben noto motivo che prende commiato e diventa una voce e un cenno di addio, questo re-sol sol subisce una lieve modificazione, prende un piccolo ampliamento melodico. Dopo un do iniziale accoglie, prima del re, un do diesis e questo do diesis aggiunto (o è un re bemolle, dico io) è l'atto piú commovente, piú consolatore, piú melanconico e conciliante che si possa dare. È come una carezza dolorosamente amorosa sui capelli, su una guancia, un ultimo sguardo negli occhi, quieto e profondo. È la benedizione dell'oggetto, è la frase terribilmente inseguita e umanizzata in modo che travolge e scende nel cuore di chi ascolta come un addio, un addio per sempre cosí dolce che gli occhi si riempiono di lacrime.

[...] Kretzschmar concluse con poche parole la conferenza sul quesito: perché Beethoven non abbia aggiunto un terzo tempo all'opera 111. Un terzo tempo? Una nuova ripresa dopo questo addio? Un ritorno dopo questo commiato? Impossibile. Tutto era fatto. Nel secondo tempo la sonata aveva raggiunto la fine, la fine senza ritorno. E dicendo "la sonata" non alludo solo alla sonata in do minore ma intendo la sonata in genere come forma estetica. Qui termina la sonata perché ha compiuto la sua missione, toccato la meta oltre alla quale non è possibile andare. Quel cenno d'addio del motivo re-sol sol confortato melodicamente dal do diesis era un addio anche in questo senso, nel senso grande come l'intera composizione, il commiato dalla Sonata».

Ma non si trattava soltanto del commiato dalla Sonata. Dopo la 111 beethoveniana ne furono scritte molte altre, a cominciare dalle tre di Chopin, da Schubert e da Brahms. In realtà si trattava dell'incontro con la morte come del resto lo stesso Thomas Mann accenna in un altro punto di quelle pagine.

Il Maestro compose la 111 nel 1822 e morí cinque anni dopo, ma in questo caso la cronologia ha poca importanza. Ciascuno di noi fa i conti con la morte a suo modo e nel momento in cui sente di doverli fare. Lui li fece scrivendo sulla carta rigata quelle cinque note del do-do diesis-re-sol-sol che passano da un sussurro a un tocco forte e insistito, a un lunghissimo trillo nella parte piú alta della tastiera che sembra un singhiozzo senza fine e scatena una corsa dagli alti ai bassi piú profondi, quasi a ripercorrere un'intera vita, tempestosa, intensissima, dominata dalla passione e dedicata interamente alla piú sublime delle arti. Su e giú su quei tasti, dal pianissimo al maestoso, per tornare a quelle cinque note contrappuntate in sordina dalla mano sinistra, il tumulto soffocato del cuore che accompagna la limpidità melodica. Il finale si conclude straordinariamente in «pianissimo». L'ultimo battito, poi il silenzio.

Lui i conti con la morte li ha fatti cosí.

Il triangolo sentimentale

Il triangolo amoroso è stato una figura sociale molto diffusa in tutte le epoche e in tutti i luoghi e la letteratura ne ha dato ampio racconto; nella fase romantica ha costituito l'innervatura portante del romanzo e tuttora è cosí, nei romanzi e nella vita, ma si tratta di un triangolo isoscele nel senso che pende piú da una parte che dall'altra. Di solito l'amante è un uomo e l'amata una donna, ma il costume si sta rapidamente evolvendo e il rapporto coinvolge ormai donne e uomini in egual misura e in una molteplicità di combinazioni.

Una di queste combinazioni abbastanza rare ma significative descrive una persona che ha un rapporto relativamente stabile con altre due contemporaneamente; un rapporto di analoga intensità anche se con diverse motivazioni. La parola che giuridicamente lo definisce è «bigamia».

La letteratura occidentale, che ha dato grande spazio al classico triangolo di tipo adulterino, ne ha dato invece pochissimo alla bigamia, che è cosa affatto diversa dalla poligamia dove l'uomo ha molte mogli che vivono nella stessa casa con pari dignità tra loro e piena subordinazione nei confronti del maschio-padrone. Nella poligamia orientale le mogli sono specializzate in funzioni diverse all'interno della vita domestica. Ma anche la poligamia sta rapidamente cambiando aspetto, soprattutto nel lontano Oriente, Cina e Giappone, dopo un passato fiorente e letterariamente raccontato in opere ormai classiche.

Nell'Occidente cristiano la poligamia è sconosciuta, il rapporto adulterino è diffuso e tollerato, la bigamia è rara e, come s'è detto prima, sostanzialmente ignorata dalla letteratura. Le coppie si formano e si disfano con frequenza sempre maggiore, la libertà sessuale ha avuto e sta avendo molta influenza su questi mutamenti del sistema.

Eppure la bigamia – di fatto perché non prevista in termini di diritto – esiste, è esistita e andrebbe raccontata da chi ne ha fatto esperienza. Ho detto prima che sono assai rari i romanzi che l'hanno messa al centro della loro attenzione. Ne ho letti alcuni, e uno l'ho scritto anch'io. S'intitola *La ruga sulla fronte* e fu pubblicato nel 2001.

Il protagonista è un grande industriale che a tempo perso ama le donne per sfuggire ad una sorta di noia esistenziale; ha il gusto della competizione e una forte dose di amor proprio.

Conosce in una festa una giovane, colta, bella e dotata di gusto e ironia. Si invaghiscono uno dell'altra. Si amano, ma in diverso modo. Lui ama soprattutto la femmina e il gioco erotico, lei ne è rapita e per non perderlo asseconda le sue voglie con la speranza di sedurgli l'anima oltre che i sensi.

Accadono molte cose nella loro vita, finché lei perde la speranza di poterlo avere per sé e lo lascia. Passano gli anni, altre vicende si accavallano nelle loro vite ormai separate ma ancora unite dal comune ricordo. Lei è diventata docente di letteratura all'università, lui amministra un impero industriale. Si sposa, ha figli, gli affetti familiari lo coinvolgono ma il desiderio di lei non l'abbandona, anzi è sempre piú intenso.

Lei nel frattempo ha una passione per un suo giovane studente, una passione forte e disperata perché sa che si tratta di un sentimento senza sbocco.

Il giovane partecipa al movimento studentesco e sogna la rivoluzione, entra in clandestinità e si arruola nelle Brigate Rosse di cui diventa uno dei dirigenti. Lei non approva il cupo e sanguinoso terrorismo di quella banda. Il giovane viene arrestato. L'amore tra loro è ormai soltanto un ricordo come altrettanto un ricordo è l'altro amore, il solo vero che lei abbia avuto.

Citerò due passi di questo romanzo, che scavano nel fondo di quel rapporto amoroso, ne illuminano la passione che l'ha ispirato e la struggente melanconia di ciò che avrebbe potuto essere ma non è stato.

Per la comprensione dei passi citati, indico i nomi dei personaggi che vi compaiono: Andrea è il protagonista maschile e Laura quello femminile. Viviane è la madre di Andrea, Michelle la moglie, Filippo il fratello appena uscito da una grave malattia mentale. La prima citazione è tratta dal diario di Laura.

«Con Andrea è finita, credo per sempre. È incapace di amare, incapace di abbandonarsi, di abbattere le difese dietro le quali si è chiuso. Mi ha fatto una gran pena vederlo disperato quando gli ho detto che la nostra storia non aveva futuro e che mi ero decisa a mettere punto. Prima ha cercato di convincermi ma poi ha capito che parlavo sul serio. Dio sa quanto mi costa – gli ho detto – ma non ho scelta. Non sentirti in colpa, sei fatto cosí, io so anche perché sei fatto cosí, me l'hai raccontato tu stesso e quello che non mi hai detto l'ho capito guardandoti vivere: hai paura di bruciarti, le ferite che hai ricevuto sono ancora aperte, con me hai provato ma piú di cosí non puoi, non ce la fai. Perciò è meglio chiudere, per tutti e due.

È rimasto paralizzato, non ha piú detto una parola né fatto un gesto. Stava in piedi in mezzo alla stanza a testa bassa con le mani intrecciate che si tormentavano ed era l'unico segno di vita che dava. Mi sono avvicinata, l'ho accarezzato, ho cercato di consolarlo, sentivo dentro una tenerezza infinita per quel povero ragazzo che non riusciva a crescere in armonia; aveva avuto tutto dalla vita, la bellezza, la ricchezza, il potere, salvo la capacità di amare che gli era stata confiscata e distrutta.

Gli ho anche detto quanto mi aveva cambiato l'incontro con lui. L'ho fatto sedere accanto a me e gli ho fatto un lungo racconto. Gli ho preso la mano mentre parlavo e gliel'ho tenuta stretta perché era quello che sentivo. Quando ci siamo incontrati anch'io ero chiusa come una noce, amavo solo me stessa, avevo anch'io le mie ferite e le mie cicatrici e la paura di farmene altre. Ma mi sono innamorata di lui e rapidamente quella noce si è rotta e io ne sono uscita viva e palpitante.

L'ho amato al punto di assecondare ogni suo desiderio, anzi di prevenirlo quando avevo imparato a conoscerlo. Ho fatto con lui le cose piú lontane dal mio modo di essere, a un certo punto ho temuto di essere plagiata da lui, mi sono impigliata nei suoi giochi e nel suo piacere, ho capito che continuando su quella strada avrei perso me stessa senza salvare lui né conquistare il suo cuore.

Per questo dobbiamo rompere, gli ho detto. Siamo andati troppo avanti, le esperienze che ho fatto insieme a te sono state troppo intense per tornare indietro come se non fossero accadute. Tu lo puoi fare, tu hai giocato e continui a giocare con te stesso e con gli altri ai giochi piú diversi, il piacere, la gara, il potere. Per me è diverso. L'amore per te mi ha fatto uscire dalla mia tana, adesso so di essere una persona, so che gli altri sono persone e che mi sono necessari. Ti vorrò sempre un gran bene finché sarò viva.

La sua mano tremava nelle mie. Aveva gli occhi stretti stretti, come se non tollerasse di vedere, che fosse ferito dal mondo, che la corazza che proteggeva la sua inermità stesse scricchiolando ma lui da dentro non forzava per uscire, aveva una paura folle di uscire.

A quel punto ho capito che lo stavo sottoponendo ad un tormento inutile.

Lui si è alzato con grandissimo sforzo, mi ha baciato la mano come gli hanno insegnato, era già rientrato nel suo ruolo di sempre. Mi ha detto – ma chissà perché – "a presto" ed è uscito.

Resterà nella mia vita, di questo sono sicura, ma non sarà la mia vita. Quella adesso me la dovrò costruire, però ora so che ne sarò capace».

«Profumo di rose e miele di glicine, nuvole e stelle nel cielo della sera, i Preludi di Bach sul piano della mamma, le sue dita magre e lunghe segnate dalle macchie nere della pelle invecchiata, Filippo addormentato sulla poltrona a bocca aperta, Michelle con gli occhi incantati dalle fiamme del camino, il salotto semibuio, una luce sul pianoforte, una lampada col paralume di stoffa verde vicino ad una vetrina colma di libri e le ombre che il fuoco proiettava sulle pareti e sul soffitto, sostenuto da una architettura di vecchie travi.

Le porte-finestre del salone erano aperte sul giardino e Andrea uscí, voleva guardare da fuori quella stanza con figure che avevano contato molto e la cui assenza aveva colmato di assenze la sua vita.

Guardare da fuori un luogo sentimentale dove sei rimasto con l'anima in piedi dietro a tua madre che suona il suo Bach un po' strimpellato perché le dita non sono piú agili come dovrebbero e la musica arriva scordata, incespicante, ma gli accordi ancora profondi e scanditi, quella donna cosí fragile, rimpiccolita, il tuo amore che ti tradí quando ancora tu odoravi di nido e Filippo gridava come un pazzo dal fondo della casa, poi lei partí con un altro, ma non partí, fu scacciata, ma poteva opporsi, invece si arrese.

Adesso gli accordi suonano una musica delle stelle che ruotano nel blu della notte, tu la conosci quella musica, fu il regalo di Laura per iniziare la tua educazione sentimentale. Quanto tempo e sempre quel nodo che ti impediva di amare mentre dentro tutto l'amore traboccava.

Laura. Che faresti se ci fosse lei seduta in quella poltrona vuota, le diresti resta con noi, si può dire resta, si può fare? Nessuno accetta, nessuno entra nelle cose, nessuno si dimentica di sé. Forse Filippo può, lui si è dimenticato per tanto tempo e forse è entrato dentro le cose, forse sta dentro al suo cane e il suo cane lo sa che sono la stessa cosa al fondo delle radici. Io sono Andrea tuo fratello, quella piccola vecchia con le mani blu sui tasti bianchi e neri del piano ci ha portati tutti e due nello stesso grembo, io ci sono nato dentro poco dopo che tu te n'eri andato nel mondo e odorava ancora del tuo odore quell'utero caldo, casa cibo riparo, odorava di te di lei di me e siamo di nuovo insieme ma qualcuno manca, lei manca. Chi decide chi manca? Siamo tutti assenti da qualche parte e presenti da qualche altra, non puoi sapere se l'assenza è piú importante della presenza, non puoi far finta d'essere dovunque, oppure sí, puoi essere dovunque se ti concentri, se vinci la forza di gravità, se la gravità non ci fosse, abolita dal dito di Dio, sarei risucchiato da quella stella con la velocità della luce.

Non riesco mai ad essere felice, pensò Andrea.

Andrea – stava dicendo Michelle a Viviane – è una natura fortunata, non riesce mai ad essere infelice.

Lui la guardò. Forse erano vere tutte e due le cose. Forse non c'è mai un solo modo di stare al mondo».

Gli amori veri sono i piú difficili e anche i piú profondi. Molti finiscono nella melanconia, altri nella pienezza dei sentimenti vissuti, nel dono dato e ricevuto.

Ho riletto le pagine di questo libro prima di scrivere la parola fine, per capir bene quale sia il pensiero centrale che tiene insieme riflessioni apparentemente disparate.

A me sembra che la nostra vita sia dominata dal principio alla fine dall'istinto di sopravvivenza. Ma poiché quell'istinto si rifrange sul pensiero, esso genera pulsioni, sentimenti, passioni, affetti, emozioni, diversamente orientati. Questo fascio di forze sentimentali colora l'esistenza di ciascuno e questo mi fa pensare che l'«essere» abbia una curvatura erotica.

Mi sono domandato a questo punto come e perché la mia mente sia arrivata a questa conclusione, appoggiandosi a quali evidenze e a quali categorie mentali. Una certa dose di scrupolo epistemologico dovrebbe sempre esser presente a chi esamina il tessuto psichico, a cominciare dal proprio che gli offre il materiale piú autentico e disponibile.

Non ho certamente affrontato questo tema per entrare in possesso della chiave fatata con la quale si possa aprire la porta della verità, lo scrigno dov'è custodito il numero d'oro che spiega i misteri del mondo.

Io non credo alla verità definitiva e al senso ultimo delle cose; perciò – credo io – non esiste alcuna chiave magica, alcuna porta da aprire, nessuno scrigno e nessun numero d'oro. Cosí mi sono convinto che le mie (provvisorie) conclusioni sono soltanto un modo d'impiego della mia mente, l'uso d'una esperienza che ho accumulato nel corso di una lunga vita e una certa capacità di associare insieme idee, immagini, letture, incontri e passioni.

La vecchiaia, fin quando la si può vivere in sanità di corpo e di mente, è una bella stagione; gli affetti sono riposanti, il miele che distillano si può gustare con lentezza e assapora l'anima pacificandola col futuro che ancora ci avanza.

Il mio passato io non l'avevo ancora usato come il campione d'un sondaggio per capire il funzionamento degli istinti; non avevo ancora sperimentato e saggiato la mia esperienza. Questo ho cercato di fare. Si potrebbe anche chiamare il consuntivo d'una vita.

Per chiudere queste riflessioni voglio aggiungere che Eros – cosí come l'ho pensato e raffigurato – è stato molto presente nella mia vita in tanti modi. E se volete un gergo piú filosofico: l'ente che io sono è stato colorato di Eros.

Sono stato una persona nutrita di affetti, quelli che in abbondanza ho ricevuto e quelli che ho dato con tutte le capacità che avevo di dare, poche o molte che fossero. Per mia fortuna ne ho ancora e non sono mai stato avaro di me.

L'amore andaluso

Il finale lo dedico ad un poeta che ha conosciuto Eros di faccia e non di profilo. Mi sembra la giusta conclusione d'un libro che ha per titolo quel verso di Saffo che tutti ci riguarda e tutti ci ha coinvolti.

Morí fucilato una mattina d'agosto del 1936 a Fuente Grande, dalle parti di Granada. Non sono molti che oggi leggono le sue canzoni, le sue ballate, il suo *Cante Jondo* e il suo *Romancero Gitano*. È stato un buon poeta, dicono con l'aria d'un riconoscimento dovuto ad una poetica già fuori tempo, ad appena settant'anni dalla sua morte.

Io non voglio qui smentire questa sufficienza data a denti stretti, dal bordo d'un secolo ancora assai scarso di poesia. Non voglio discutere se Federico García Lorca sia stato un grande poeta.

Voglio solo dire che la sua è stata l'ultima autentica testimonianza della potenza, della tenerezza, del languore, della melanconia, della lussuria e del sentimento di morte, di Eros, «torbido, spietato, arso di demenza».

La poesia di tutti i tempi e in tutto il mondo ha celebrato il sentimento amoroso filtrandolo con l'ideale, purificandolo con la memoria, brandendolo a simbolo di bellezza e di purezza, ma quelli che si sono abbandonati alla furia delle sue carezze e della sua pena sono pochi e sta in questo la loro grandezza. Saffo, coronata di viole, ha reso questa testimonianza. Shakespeare, Baudelaire, Beethoven, Chopin.

Lorca viene per ultimo e chiude questo esiguo corteo.

Non faccio confronti tra loro, sarebbe ridicolo oltre che impossibile. Eros ha celebrato le sue epifanie attraverso la loro fantasia e le loro passioni. Le ha messe a durissima prova perché non si torna indenni da quelle esperienze ma si ottiene il dono di esprimere poesia al piú alto livello che ciascuno può raggiungere.

Gli istinti sono natura ed anche Eros, il loro principe, è natura. Natura naturante, diceva Spinoza; natura in divenire, natura trasgressiva. Non è dunque un caso se l'esiguo corteo si apre e si chiude con due omosessuali. Si potrebbe aggiungere Auden e la sfilata sarebbe completa.

Lorca ebbe fin da giovanissimo un'ossessione: il presentimento della morte. Ne parla di continuo, non c'è componimento poetico in cui quell'immagine e quella parola non compaiano.

Una delle fascinazioni della sua poesia è proprio nel binomio vita-morte, anzi morte-vita. Aveva capito che la morte è un atto di vita perché dà senso alla vita e ne guida l'intero percorso.

Noi commettiamo spesso l'errore di non cogliere il significato di questo percorso che ha una direzione esattamente inversa alla scansione degli orologi. Il senso della vita comincia dalla fine e risale verso l'inizio. Federico García l'aveva capito ed è quello il fascino delle sue canzoni.

Un altro fascino è la colorazione del linguaggio. Non è un poeta che scriva in bianco e nero, scrive con tutti i colori dell'arcobaleno, scrive in azzurro, in rosso fiamma, in verde, in indaco, in rosa, in giallo, in turchino, in ogni verso e in ogni immagine. «Verde que te quiero verde», i gigli e le rose, il nero delle mantiglie, il rosso del sangue, il viola della cancrena, l'indaco della melanconia.

La sua poesia è tutta di cose e di persone. Di baci, di seni, di cosce di donna, di torso di maschi ma anche di passeri, di pioppi, di aghi di pino, di sole e di neve. E di caproni, di vacche mansuete e di tori irruenti.

Il nero toro di Spagna è un richiamo costante, icona d'un popolo di contadini e di toreri, di gitani, di spade e di *banderillas*.

Qualcuno dei suoi critici ha scritto che la sua identificazione tra gitani e Andalusia è sbagliata. Non credo affatto che sia sbagliata. È poetica. Coglie la doppia radice del contadino di tutti i luoghi e di tutti i tempi: è fiero, il contadino, geloso, ospitale, silenzioso, triste; un po' idalgo e un po' bandito.

Le varie andalusie erano ai suoi tempi ancora terra contadina come le andalusie di tutto il mondo. Ora sono terre di mercanti e di impiegati dello Stato, i loro dialetti si sono imbastarditi. Un tempo nel Sud dei paesi latini la parlata dialettale era scandita in esametri.

I gitani di Lorca hanno sangue zingaro, arabo, sefardita e spagnolo tra Cordova e Granada, tra Siviglia e Málaga, tra Toledo e Cádiz. Discendono dai cavalieri palatini di Roncisvalle e dai cavalieri berberi di Cordova, in una mistura che tocca il culmine poetico nel personaggio maschile di Antoñito el Camborio e in quello femminile della «moglie infedele».

La sintesi di questa mistura è il maschio dominatore e la femmina che lo contrasta con le movenze del ballo flamenco, tacchi che ritmano l'orgoglio di Spagna e visi alteri che rifiutano sudditanze amorose.

«Io me la portai al fiume
credendo che fosse ragazza
e invece aveva marito...

Passati i rovi di more
i giunchi e i biancospini,
sotto il suo cespuglio di capelli
ho fatto una buca nel limo.
Io mi sono tolto la cravatta,
lei si è tolta il vestito.
Io il cinturone con la pistola,
lei i suoi quattro corpetti...

Le sue cosce mi sfuggivano
come pesci spaventati,
la metà pesci di fuoco,
la metà pesci di freddo.

Quella notte ho percorso
il migliore dei sentieri
in sella a una puledra di madreperla
senza briglie e senza staffe...

Sporca di baci e di sabbia
me la portai indietro dal fiume...

Mi sono comportato da quello che sono,
come un vero gitano.
Le ho regalato un cesto grande
per il cucito di raso giallo
e non mi sono voluto innamorare
perché pur avendo marito
mi disse che era ragazza».

Ma c'è anche la notte del pianto e dell'amore insonne:

«Notte sopra noi due con luna piena
io mi sono messo a piangere e tu ridevi,
il tuo disprezzo era un dio, i miei lamenti
attimi e colombe alla catena...»

C'è l'amore in attesa di un «sí» che non arriva:

«¡Ay qué trabajo me cuesta
quererte como te quiero!
Por tu amor me duele el aire,
el corazón y el sombrero».

La tristezza è un'altra cosa. La sua è una tristezza esistenziale che non ha nulla da spartire con l'amore. Eros, lo sappiamo, è anche tristezza quando è solo.

Lorca ha due icone: il toro per la forza, la chitarra per la tristezza.

«Comincia il pianto
della chitarra.

Si rompono i calici
dell'alba.
Comincia il pianto
della chitarra.
È inutile
calmarla.
È impossibile
calmarla.
Piange monotona
come piange l'acqua
come piange il vento
sulla neve.
È impossibile
calmarla.
Piange per cose
lontane.
Sabbia del Sud
rovente
che chiede camelie bianche.
Piange freccia senza bersaglio,
la sera senza domani,
e il primo uccello morto sul ramo.
Oh chitarra!
Cuore trafitto
da cinque spade».

Quando lessi la prima volta *La chitarra* provai anch'io una tristezza che non poteva avere consolazione.

Avevo vent'anni. C'eravamo rifugiati in Calabria, i

miei genitori ed io, dopo otto mesi di fame e di paura a Roma, con i tedeschi e i fascisti che battevano la città in cerca di giovani da spedire nei campi nazisti.

Era estate. La nostra casa era a cento metri dal mare, una spiaggia di sabbia fine che entrava nell'acqua e continuava fino a cento metri da riva. A sinistra, in lontananza, si vedeva la cima di Stromboli e un pennacchio di fumo che saliva fino alle nuvole bianche. La sera stelle lucenti e mare d'argento con le lampare al largo che gettavano le reti.

I profumi del Sud la notte t'inebriano di sogni e di melanconie inconcrete. C'erano due lucerne sul balcone affacciato sul mare. Lessi: «Piange per cose | lontane. | Sabbia del Sud | rovente | che chiede camelie bianche». Anzi le lessi in spagnolo, che al mio orecchio suonava ancor piú musicale: «Llora por cosas | lejanas. | Arena del Sur caliente | que pide camelias blancas | ... ¡Oh guitarra! | Corazón malherido | por cinco espadas».

Da allora mi suona dentro ogni volta che nelle sere d'estate sento il profumo dei fiori dell'arancio e il miele del gelsomino. «Freccia senza bersaglio e il primo passero morto sul ramo».

Quando Eros è triste è impossibile consolarlo. Fino a quando torna un senso. Solo il senso, per piccolo e fuggitivo che sia, scaccia la tristezza perché la freccia torna ad avere un bersaglio e il ricordo di cose lontane ti accarezza se sei confortato dall'amore di chi ti è vicino.

L'infanzia è l'innocenza. Lorca lo sa e proprio questo è il motivo del suo frequente ritorno a quella stagione. L'infanzia e la morte. Il sesso sta nel mezzo di questi due punti cardinali.

Il sesso, la pulsione sessuale, lo libera dalla colpa nel momento in cui lo fa, nel momento in cui due corpi diventano un corpo solo. Quella fusione la vive e la racconta con un furore poetico quasi unico nella letteratura moderna. Baudelaire, forse, ma il poeta delle *Fleurs du mal* scriveva in versi alessandrini e quella metrica funzionava come una cintura di castità intorno allo scatenarsi delle trasgressioni e delle perversioni.

Lorca – per fortuna della sua poesia – non disponeva di quella cintura, perciò la crudezza della sua versificazione raggiunge un'intensità sconosciuta prima di lui. Ma la colpa riaffiora non appena l'atto sessuale cede il passo al ricordo di quanto è appena avvenuto, a quel punto si verifica una mistificazione: nel suo racconto il rapporto omosessuale diventa eterosessuale. Nel novantanove per cento dei testi, l'io dell'autore si congiunge con una femmina quasi che in questo modo voglia legittimare quanto è avvenuto.

Le eccezioni a questa mistificazione sono pochissime: un paio di *Sonetti dell'amore oscuro* e il lamento su Ignazio.

La morte, il sentimento della morte, è pensato con allegria perché va sotto braccio all'oblio definitivo.

«Dite ai miei amici
che sono morto.

L'acqua canta sempre
sotto il tremore del bosco.

Dite ai miei amici
che sono morto.
Dite che io sono rimasto
con gli occhi spalancati
e il volto coperto
dall'immortale fazzoletto
dell'azzurro.

Ah!
E che me ne sono andato
senza pane sulla mia stella».

E un'altra:

«Cuando yo me muera
enterradme con mi guitarra
bajo la arena.
Cuando yo me muera,
entre los naranjos
y la hierbabuena.

Cuando yo me muera
enterradme si queréis
en una veleta.

¡Cuando yo me muera!»

Ma il canto piú alto e piú disperato si alza negli ultimi versi del *Compianto per Ignacio Sánchez Mejías*. Lí non è lui che muore ma il suo compagno. Non c'è dunque l'allegria d'una liberazione ma il lutto dell'abbandono. Un anno prima della sua morte vera.

«L'autunno arriverà con le conchiglie,
uva di nebbia e monti radunati,
ma nessuno vorrà guardarti gli occhi
perché tu sei morto per sempre.

Perché tu sei morto per sempre
come qualsiasi morto della Terra,
come qualsiasi morto che si scorda
perso in un cumulo di cani spenti.

Nessuno ti conosce. No. Però io ti canto.
Canto per il futuro il tuo viso e il tuo garbo
la compiutezza insigne della tua conoscenza.
La tua voglia di morte, di gustarne la bocca,
la tristezza che aveva la tua audace allegria.

Tarderà molto tempo a nascere, se nasce,
un andaluso cosí illustre e pieno d'avventura.
Canto la sua eleganza con parole che gemono
e ricordo una brezza triste tra gli ulivi».

Ringraziamenti.

Un anno fa Giovanna Zucconi mi suggerí di scrivere un ricordo di Italo Calvino. Dal qual suggerimento ho preso spunto per scrivere questo libro.

Ringrazio Ernesto Franco cui ho letto in due lunghissime serate il manoscritto. Mi consigliò qualche taglio e qualche approfondimento che hanno molto giovato alla scioltezza dello stile.

Ringrazio mia moglie che ha seguito il mio lavoro pagina per pagina. Quando approvava ero sicuro d'esser riuscito a farmi capire, quando restava perplessa riscrivevo fin quando non l'avevo convinta.

Ringrazio gli amici che hanno letto le bozze e dato il loro giudizio: Alberto Asor Rosa, Rosaria Carpinelli, Angelo Cannatà, Renata Colorni, Paola Gallo, Maria Ida Cartoni, Valentina De Salvo.

Indice

Stampato per conto della Casa editrice Einaudi
presso Mondadori Printing S.p.a., Stabilimento N. S. M., Cles (Trento)
nel mese di aprile 2011

C.L. 20859

Ristampa							Anno			
0	1	2	3	4	5	6	2011	2012	2013	2014